LE FACISME

ORIGINE ET

ÉMMERGENCE

Un compte rendu exhaustif

Par

Ted Adams

Sommaire

INTRODUCTION

La Russie, la Hongrie, la Pologne, l'Inde, la Turquie et les États-Unis sont quelques-uns des pays qui connaissent une poussée du nationalisme d'extrême droite. Il est difficile de généraliser, car chaque pays est unique. Pour l'instant, il est nécessaire de faire cette généralisation. J'ai utilisé le mot "fascisme" pour caractériser l'ultranationalisme sous toutes ses formes puisque le pays est représenté par un leader autoritaire qui parle au nom du gouvernement (ethnique, religieux ou culturel). "Je suis votre voix", a déclaré Donald Trump lors de la Convention nationale républicaine en juillet 2016.

Ce livre m'a intéressé parce qu'il traite de la politique fasciste. Lorsqu'il s'agit d'accéder au pouvoir, les méthodes fascistes sont particulièrement intéressantes. Les régimes mis en place par ceux qui adoptent ces techniques sont fortement influencés par le contexte historique unique dans lequel ils sont mis en œuvre. En Allemagne, le contexte était différent de celui de l'Italie. Les politiques fascistes, quant à elles, peuvent être néfastes même si elles n'aboutissent pas à un régime fasciste.

Il est légitime et même vital de défendre certaines caractéristiques. Pourtant, il est arrivé dans l'histoire qu'ils se regroupent pour créer un parti ou un mouvement politique unique. Des situations risquées comme celle-ci ne sont pas à prendre à la légère. Les républicains américains utilisent ces techniques plus souvent que jamais. Ils devraient s'inquiéter de la tendance croissante des conservateurs à s'engager dans ce style de politique.

Un aspect problématique de l'idéologie féministe est qu'elle déshumanise certaines personnes. Dans le pire des cas, la discrimination à l'encontre de certains groupes conduit à des punitions plus sévères telles que l'emprisonnement massif, l'expulsion et la destruction.

Avant les génocides et les nettoyages ethniques, des techniques politiques telles que celles décrites dans ce livre ont souvent été utilisées. Même avant qu'un État ne devienne génocidaire dans des cas comme l'Allemagne nazie, le Rwanda et le Myanmar contemporain, les victimes du nettoyage ethnique ont été soumises à un langage dur de la part des dirigeants et de la presse. Les attaques de Donald Trump contre les groupes d'immigrés en tant que candidat et président devraient être une source d'inquiétude pour chaque Américain.

En l'absence d'un État fasciste, la politique fasciste peut rabaisser les minorités. 3 Le Myanmar semble être sur le point de parvenir à une certaine démocratie. Cinq années de discours de haine à l'encontre de la communauté musulmane des Rohingyas ont abouti à l'épuration ethnique la plus sanglante depuis la Seconde Guerre mondiale.

Le fascisme est manifestement perçu comme une faille dans le tissu social. Un "nous" et un "eux" sont les résultats escomptés de cette stratégie. De nombreuses idéologies politiques, y compris le communisme, utilisent les différences de classe comme arme politique. Pour définir la politique fasciste, il faut comprendre comment elle utilise les distinctions ethniques, religieuses ou raciales pour séparer "nous" d'"eux", en modelant l'idéologie et les politiques. Pour atteindre cet objectif, les politiques fascistes utilisent tous les instruments à leur disposition.

Il est courant pour les dirigeants fascistes d'établir un passé mythique pour promouvoir leurs projets d'avenir et défendre leurs convictions. Les relations publiques et les institutions pro-gouvernementales ciblent les systèmes éducatifs pour réécrire la compréhension générale collective de la réalité. Dans un système politique fasciste, les théories du complot et les fausses nouvelles remplacent le débat raisonné.

Notre appréhension collective de la réalité se détériore à cause de la politique fasciste, qui encourage la diffusion d'idées destructrices et erronées. L'idéologie fasciste tente de normaliser les distinctions entre les groupes pour présenter une hiérarchie de la valeur humaine comme naturelle. À mesure que les hiérarchies et les divisions sociales s'accentuent, la communication entre les groupes est remplacée par la peur. Chaque fois qu'un groupe minoritaire réussit, il exacerbe les complexes de victime du reste de la société. Pour ce faire, il présente "nous" comme des citoyens respectueux de la loi et "eux" comme des criminels qui menacent la virilité de la nation. Les politiques fascistes sont marquées par des tensions sexuelles, car la croissance de l'égalité des sexes remet en question l'ordre patriarcal.

Pour une raison ou une autre, notre incapacité à leur faire confiance fait de nous un modèle de bonté. "Nous nous sommes hissés au sommet de la chaîne alimentaire grâce à notre dévouement et à notre travail acharné. Ceux qui appartiennent à cette catégorie sont paresseux et vivent des biens que nous produisons, soit par l'utilisation abusive de nos programmes d'aide sociale, soit par l'intermédiaire d'organisations corrompues telles que les syndicats, dont le but est de voler les revenus des personnes qui travaillent dur. C'est à nous de fabriquer les choses et à eux de les consommer.

Le cadre conceptuel du fascisme a tendance à se développer de lui-même, ce qui le rend difficile à saisir pour les citoyens. Pour eux, les phrases politiques qu'on leur a inculquées ne font pas partie de leur vie quotidienne. C'est pourquoi j'ai écrit ce livre pour aider les lecteurs à distinguer les approches acceptables dans la politique démocratique libérale de celles qui ne le sont pas.

PREMIERE PARTIE

INITIATION AU FASCISME

L'innovation politique la plus marquante du XXe siècle, le fascisme a également été l'une des plus douloureuses à supporter. Le conservatisme, le capitalisme et le communisme ont tous atteint leur apogée entre 1880 et 1890 en Occident. Le fascisme, quant à lui, commence à prendre forme dans les années 1890. Selon l'introduction de Friedrich Engels à La lutte des classes en France de Karl Marx, rééditée en 1895, davantage de personnes voteront pour la gauche. Selon Engels, les socialistes ont l'avantage du temps et du nombre. À la fin du XIXe siècle, les socialistes s'attendaient à dominer un pourcentage substantiel de la classe moyenne - y compris les petits-bourgeois et les agriculteurs - et à devenir la force dominante du pays. Les conservateurs, selon

Engels, avaient compris que la loi jouait contre eux dans leur façon de penser. Les socialistes, quant à eux, affirment que "nous [les socialistes] développons des muscles robustes et des joues roses et semblons vivre éternellement sous cette législation". Les conservateurs n'ont d'autre choix que de franchir eux-mêmes cette barrière". Bien qu'Engels ait prévu cette attaque préventive, il n'aurait pas pu prédire son acceptation universelle en 1895. Une génération plus tard seulement, la combinaison d'une dictature contre la gauche et d'un soutien populaire aux nazis était impensable.

Seuls quelques indices de malheur ont été découverts. L'un d'eux nous vient d'Alexis de Tocqueville, un jeune aristocrate français à l'esprit curieux. Lors de sa visite aux États-Unis en 1831, Tocqueville a trouvé beaucoup de choses à admirer dans ce pays. En l'absence d'une élite sociale autonome, il craignait que la majorité dans une démocratie ne contraigne à l'acquiescement par la pression sociale.

"La démocratie est attaquée par une tyrannie sans précédent dans l'histoire du monde ; nos ancêtres ne la reconnaîtront pas dans leur mémoire. Je cherche moi

aussi un mot qui capture et incorpore l'image mentale que j'en ai ; les expressions standard de despotisme et de tyrannie sont inadéquates. Je dois trouver comment l'exprimer puisque je ne peux pas le reconnaître".

Georges Sorel, ingénieur français devenu commentateur social, a également fait une prévision de dernière minute. Sorel reproche à Marx de ne pas avoir vu qu'"une révolution accomplie en temps de décadence" pouvait "se donner pour but le retour au passé ou même la conservation sociale" dès 1908.

Le fondement étymologique du mot anglais "fascist" est l'italien "fascio", qui signifie "un paquet ou une gerbe". Le latin "fasces", symbole de la force et de l'unité de l'État romain porté devant les juges dans les processions publiques, pourrait avoir eu un lien plus mystérieux avec la signification du mot. Avant 1914, la gauche a souvent utilisé le symbolisme des fasces romains. Marianne, la figure adulée de la République française, symbolise la résistance du pays contre la noblesse et le clergé au XIXe siècle lorsqu'elle est représentée avec les fasces.

Le Sheldonian Theater (1664-69), construit par Christopher Wren, présente une belle exposition de fasces animales. Le Lincoln Memorial à Washington, D.C., et la monnaie américaine de 1932 les incluaient. Le terme fascio a été utilisé par les révolutionnaires italiens à la fin du XIXe siècle pour décrire la fraternité d'un groupe de soldats engagés. Les paysans siciliens qui se sont soulevés contre leurs propriétaires en 1893-94 étaient connus sous le nom de Fasci Siciliani. Benito Mussolini n'a rejoint le Fascio Rivolucionario d'Azione Interventista (Fascio Rivolucionario d'Azione Interventista) qu'à la fin de l'année 1914, lorsqu'il a été créé par un groupe de nationalistes de gauche (La Ligue révolutionnaire pour l'action interventionniste). Le nom "fasciste" a été développé par Mussolini et un groupe d'anciens soldats nationalistes et de révolutionnaires syndicalistes favorables à la guerre après la fin de la Première Guerre mondiale. Malgré le monopole d'Hitler sur le terme, les groupes fascistes de tous bords ont continué à l'utiliser. Le 23 mars 1919, le fascisme se manifeste pour la première fois à Milan, en Italie. Cent cinquante personnes, dont des vétérans et des sympathisants de guerre, des intellectuels futuristes et des journalistes, se réunissent ce matin-là dans la salle de réunion de l'Alliance industrielle et commerciale de Milan, qui donne sur la Piazza San Sepolcro. Pour "déclarer la guerre au socialisme parce qu'il s'est opposé au nationalisme". Les Fasci di Combattimento de Mussolini ont été rebaptisées "Fraternités de combat".

Le "national-socialisme" est lancé deux mois plus tard par les fascistes comme un étrange mélange de fierté nationale et d'expérimentation sociale. Les ambitions expansionnistes italiennes dans les Balkans et dans toute la Méditerranée avaient été bloquées quelques mois plus tôt lors de la Conférence de paix de Paris, mais ce manifeste vise à les relancer. Un impôt sur le capital lourd et progressif, la saisie de certains biens de l'Église et une confiscation de 85 % sont proposés dans ce document, de même que le droit de vote des femmes, la journée de travail de huit heures, la participation des travailleurs à la "gestion technique de l'industrie" et "l'expropriation partielle de toutes sortes de richesses". Le sentiment nationaliste et la violence contre la propriété privée ne sont pas les seuls éléments de la stratégie de Mussolini.

Ses premiers partisans étaient des vétérans démobilisés, des syndicalistes favorables à la guerre et des intellectuels futuristes. Tous se caractérisent par leur penchant pour l'action agressive, leur anti-intellectualisme, leur réticence au compromis et leur mépris pour les institutions sociales existantes. Mussolini étant un ancien soldat qui se vantait de ses quarante blessures, l'ancien dictateur rêvait de faire un retour politique en tant que champion des vétérans. Un cadre de commandos d'élite ayant une expérience du combat et estimant avoir le droit de gouverner la nation qu'ils avaient sauvée lui fournit la plupart de ses partisans. Ils sont connus sous le nom d'Arditi. Lors de l'entrée de l'Italie dans la Première Guerre mondiale en mai 1915, les syndicalistes favorables à la guerre ont été les plus proches soutiens de Mussolini tout au long de la campagne. Avant la Première Guerre mondiale, le syndicalisme était le principal contre-mouvement de la classe ouvrière contre le socialisme parlementaire dans toute l'Europe.

Contrairement à la plupart des socialistes de l'époque, les syndicalistes étaient organisés autour de syndicats, et non de partis politiques. Les syndicalistes pensaient pouvoir renverser le système par la force brute, rejetant la nécessité de faire des compromis et négligeant le besoin d'attendre le développement inévitable de l'histoire, plutôt que d'attendre que les marxistes prédisent la fin du capitalisme par le biais d'une transformation progressive. S'ils se concentraient sur leur objectif révolutionnaire ultime plutôt que sur les petits griefs de chaque métier sur le lieu de travail, ils pourraient abattre le capitalisme en une seule grève générale historique. Après la chute du capitalisme, les "syndicats" de travailleurs seraient les seules unités de production et de commerce dans une société collectiviste libre.

Bien que la grande majorité des syndicalistes et des socialistes parlementaires italiens s'opposent catégoriquement à l'entrée de l'Italie dans la Première Guerre mondiale en mai 1915, quelques esprits ardents proches de Mussolini concluent que la guerre pousserait l'Italie encore plus loin vers la révolution sociale que la neutralité. Ils se qualifient alors de "syndicalistes nationaux". Le mouvement fasciste initial de Mussolini est aidé par les futuristes, de jeunes intellectuels et artistes anti-bourgeois. L'art et les écrivains futuristes suivaient les "Manifestes futuristes" de Filippo Tommaso Marinetti, publiés pour la première fois à Paris en 1909 et acceptés par l'organisation. De nombreux adeptes de Marinetti pensaient que les qualités libératrices et vitales de la vitesse et de la violence l'emportaient sur les traditions culturelles conservées dans les musées et les bibliothèques. Les courses automobiles sont "plus spectaculaires que la Victoire de Samothrace". Leur passion pour Mussolini en 1919 est semblable à leur enthousiasme pour la Première Guerre mondiale en 1914.

Un autre courant intellectuel qui a fourni des recrues à Mussolini était constitué par les critiques des parlementaires italiens qui rêvaient d'un "second Risorgimento". Après le premier Risorgimento, l'Italie s'était retrouvée avec une oligarchie restreinte qui n'était pas adaptée à sa grandeur culturelle et à ses ambitions de grande puissance. La "révolution nationale" a été accomplie et un nouvel État a été créé pour permettre à l'Italie de se doter d'une direction zélée, d'un peuple dynamique et de la communauté nationale unie qu'elle méritait. Nombre de ces partisans du "second Risorgimento", y compris le jeune Mussolini, trouvaient leur inspiration dans La Voce, une revue culturelle florentine. En raison de leur soutien à une organisation fasciste en plein essor, les nationalistes italiens de la classe moyenne ont embrassé une "révolution nationale" radicale après la Seconde Guerre mondiale.

Un groupe d'alliés de Mussolini, dont Marinetti et le dirigeant des Arditi Ferruccio Vecchi, envahit le siège milanais du quotidien socialiste Avanti, dont Mussolini avait été le rédacteur en chef de 1912 à 1914, après le congrès de formation du fascisme de Piazza San Sepolcro, le 15 avril 1919. Ils ont détruit tout le matériel et les presses de l'entreprise. Un soldat de l'armée est tué et près de 40 autres personnes sont blessées. Sous le couvert d'un intérêt national plus large, un acte de violence contre le socialisme et la légalité bourgeoise a inauguré l'établissement du fascisme en Italie. C'est en Italie que le fascisme est né et a reçu son nom. Mussolini, quant à lui, n'était pas un loup solitaire. Dans l'Europe de l'après-Seconde Guerre mondiale, des organisations parallèles partageaient l'idéologie fasciste mais affichaient un mélange de nationalisme et d'anticapitalisme, de volontarisme et de violence directe à l'encontre des opposants bourgeois et socialistes. Mussolini est arrivé au pouvoir en Italie trois ans après le rassemblement de Piazza San Sepolcro.

Un nouveau parti fasciste est arrivé au pouvoir plus d'une décennie plus tard en Allemagne. Inspirés par Mussolini et Hitler, des aspirants tyrans et des escadrons de marche ont vu le jour dans toute l'Europe et dans le reste du monde. Six ans après l'accession d'Hitler au pouvoir, la deuxième guerre mondiale allait engloutir l'Europe et le reste du monde. Avant la fin de la guerre, l'humanité a dû faire face non seulement aux atrocités des combats ordinaires, mais aussi à un effort visant à anéantir un peuple entier, sa culture et sa mémoire même. Pour ce faire, on a eu recours à l'abattage industriel.

Ils voyaient Mussolini, ancien instituteur, petit romancier bohème et ancien orateur et éditeur socialiste, à la tête des grandes puissances européennes aux côtés d'Hitler, ancien caporal et étudiant en art raté, souvent bien éduqué. Les personnes sensibles pensaient qu'"une horde de barbares [...] avait planté ses tentes au sein de la nation". L'écrivain Thomas Mann a écrit dans son carnet le 27 mars 1933, deux mois après qu'Adolf Hitler soit devenu chancelier allemand, qu'il avait vu une révolution "sans idées sous-jacentes, contre les idées, contre tout ce qui est plus noble, meilleur, décent, contre la liberté, la vérité et la justice". Lorsque la "saleté commune" s'est emparée du pouvoir, il y a eu "une grande jubilation du côté du peuple". Dans son exil intérieur à Naples, Benedetto Croce, philosophe et historien italien de renom, s'est moqué de l'ajout de l'"hagiocratie", ou "gouvernement par des ânes braillards", aux trois célèbres termes d'Aristote : tyrannie, oligarchie et démocratie.

Après la Première Guerre mondiale, Croce a conclu que le fascisme n'était qu'une "parenthèse" dans l'histoire italienne. Selon Friedrich Meinecke, historien libéral de l'histoire allemande, le nazisme a évolué à partir d'une dégénérescence morale. Des humanitaires équilibrés et intelligents ont été vaincus par des techniciens stupides et superficiels soutenus par un public de masse assoiffé d'excitation. Les deux hommes pensaient que la seule façon de résoudre le problème était de revenir à une société contrôlée par "les meilleurs". D'autres observateurs ont longtemps pensé qu'il y avait plus en jeu que la montée accidentelle des voyous et l'effondrement de l'ancien ordre moral, et ils avaient raison. La philosophie marxiste considérait l'histoire comme une série de processus sous-jacents atteignant leur paroxysme sous la forme d'une guerre économique, dont le socialisme était la première victime.

Avant même que Mussolini n'ait pleinement établi son pouvoir, la définition du fascisme comme "l'instrument de la grande bourgeoisie pour affronter le prolétariat lorsque les outils légaux dont dispose l'État s'avèrent incapables de le soumettre" était prête. "Le fascisme est la domination ouverte et terroriste des forces les plus réactionnaires, les plus chauvines et les plus impérialistes du capital financier. Sous Staline, ce terme est devenu une référence absolue qui a défini l'idéologie communiste pour le demi-siècle à venir. De nombreuses interprétations et significations différentes ont été données au fil du temps. En fin de compte, personne ne peut s'accorder sur les raisons qui ont permis à ces phénomènes de surgir de nulle part, de prendre des formes très diverses, d'exalter la haine et la violence au nom de la force nationale et de continuer à séduire des dirigeants éminents et bien éduqués. À un moment ou à un autre de leur carrière, tous les individus en position d'autorité ont été qualifiés de fascistes. Les sceptiques affirment que le terme devrait être complètement supprimé. L'objectif de cette étude est d'apporter un nouveau point de vue sur le fascisme, un point de vue qui puisse expliquer l'attrait de l'idéologie, son histoire compliquée et la catastrophe qu'elle a provoquée.

CHAPITRE 1

UNE ORIGINE LEGENDAIRE

Il est naturel de commencer cette section par l'étude des antécédents historiques du fascisme, que les fascistes revendiquent souvent. Lorsque la rhétorique fasciste est utilisée, elle évoque des images d'un passé légendaire qui ont été tragiquement détruites. Il est concevable que l'histoire légendaire d'un pays soit religieusement pure, ethniquement pure, culturellement pure, ou tout autre mélange de ces éléments. D'autre part, la mythologisation fasciste suit un schéma prévisible. Même si elle n'avait que quelques générations lors des événements décrits, la famille patriarcale sévère est omniprésente dans tous les passés mythiques fascistes. Les soldats qui n'ont pas été blessés et dont les femmes sont restées à la maison pour élever leur famille ont combattu aux côtés de généraux patriotes dans des guerres de conquête. En raison des actions fascistes, ces mythes ont constitué le fondement de l'identité de la nation. Le mondialisme, le libéralisme et l'adhésion à de prétendus "principes universels" tels que l'égalité ont tous été accusés par certains nationalistes d'avoir effacé la belle histoire de leur pays. Ces idées ont rendu la nation impuissante face aux menaces réelles et imminentes qui pèsent sur son existence. Ces récits reposent souvent sur la vision d'une homogénéité historique inexistante dans les petites villes et les campagnes, que la décadence libérale des métropoles n'a pas entachée.

Bien que certaines organisations nationalistes tendent vers l'homogénéité linguistique, théologique ou géographique, les mythes fascistes se distinguent par la fabrication d'un passé national glorieux dans lequel le peuple élu régnait sur les autres grâce à ses victoires et à ses réalisations en matière d'édification de la civilisation. Par exemple, les normes patriarcales de genre sont constamment présentes dans les récits historiques fascistes. Le passé mythique fasciste est explicitement organisé en raison de sa vision autoritaire et hiérarchique du monde. L'idéologie fasciste ne se préoccupe pas de savoir si les civilisations précédentes n'étaient pas aussi patriarcales ou belles qu'elle les dépeint. Cette histoire imaginée sous-tend l'idéologie, en établissant des critères sur la façon dont la société doit paraître et fonctionner. Dans un discours prononcé au congrès fasciste de Naples en 1922, Benito Mussolini a déclaré ce qui suit :

"Nous avons concocté notre histoire". La foi et l'émotion sont présentes dans le récit. Il n'est pas nécessaire que tout soit valable pour être vrai. La splendeur de notre pays est notre récit national. C'est une légende nationale ! Nous mettons tout le reste en attente au nom du mythe, de la majesté que nous voulons réaliser pleinement".

Mussolini révèle que le passé mythique fasciste a été créé à dessein. L'histoire légendaire est utilisée dans la politique fasciste pour relier la nostalgie aux préceptes critiques de l'autoritarisme, de la hiérarchie, de la pureté et de la résistance. En construisant un passé mythique, la politique fasciste relie la nostalgie aux idéaux fascistes. Les fascistes allemands étaient conscients du déploiement stratégique des légendes du passé. "Comprendre et respecter notre passé mythologique et notre histoire constituera la première condition pour ancrer plus fermement la future génération européenne dans le sol de sa patrie d'origine", écrivait en 1924 le dirigeant nazi Alfred Rosenberg, rédacteur en chef du Völkischer Beobachter, un journal nazi de premier plan. L'histoire légendaire du fascisme existe pour aider à changer le monde moderne.

Les politiciens fascistes affirment qu'ils cherchent à restaurer ou à établir la famille patriarcale. La famille patriarcale, qui a longtemps été une pierre angulaire de la société américaine, a été érodée par le libéralisme et le mondialisme. D'un autre côté, pourquoi le patriarcat est-il un aspect aussi essentiel de l'idéologie fasciste ? Dans une société fasciste, les ménages patriarcaux traditionnels ont un chef, comme le père, qui est le chef de l'État. Le chef est le père de sa nation. Son autorité juridique découle de cette force, tout comme la force et le pouvoir d'un père patriarcal sur ses enfants et sa femme sont considérés comme la source de son autorité morale ultime sur sa famille. Le père subvient aux besoins de sa famille, comme le fait une famille classique, et le dirigeant fait de même pour sa nation. Sa force, la caractéristique la plus importante des systèmes autoritaires, lui confère de l'autorité. Ces normes créent un cadre central d'organisation, hiérarchique et inflexible dans sa forme la plus pure, auquel la politique fasciste ajoute la nostalgie par le biais d'une représentation du passé de la nation. Gregor Strasser était le principal publiciste du Reich nazi dans les années 1920, avant que Joseph Goebbels ne prenne la relève. Selon Strasser, l'engagement le plus important et le plus crucial pour un homme est la parentalité.

"Être femme, c'est être mère", déclarait en 1933 Paula Siber, présidente en exercice de l'Association des femmes allemandes. "Être femme, c'est être mère, c'est annoncer la valeur de la maternité avec toute la force consciente de son esprit et en faire une règle de vie".

La mission ultime d'une femme national-socialiste est d'élever ses enfants intentionnellement et avec un dévouement total à sa position et à son devoir de mère pour son pays". L'historien britannique du national-socialisme Richard Grunberger décrit "le cœur de la philosophie nazie sur le problème des femmes" comme "un concept d'inégalité entre les sexes aussi immuable que l'inégalité entre les races". "L'oppression des femmes [dans l'Allemagne nazie] constitue en réalité l'exemple le plus extrême d'antiféminisme [au] vingtième siècle", a déclaré l'historienne Charu Gupta dans une étude de 1991.

Une fois de plus, les rôles archaïques des hommes et des femmes à la maison et sur le lieu de travail définissent les partis politiques. Le parti de droite Droit et Justice (Prawo I Sprawiedliwo, abrégé PiS) a remporté la majorité absolue lors des élections législatives de 2015, devenant ainsi le plus grand parti de Pologne. Le désir de revenir aux anciennes pratiques sociales chrétiennes dans la Pologne rurale est au cœur de l'incarnation actuelle du PiS. Par conséquent, nombre de ses dirigeants élus expriment clairement leur opposition aux droits des LGBT. Bien que l'Union européenne ait critiqué ses tactiques les plus antidémocratiques, le gouvernement polonais est anti-immigrés. Il permet par exemple aux ministres (qui sont également membres du parti) de licencier et d'employer les responsables de la radiodiffusion des stations de radio et de télévision polonaises.

Elle est cependant surtout connue dans le monde entier pour sa position inflexible sur l'égalité entre les deux sexes. En Pologne, l'avortement n'était autorisé qu'en cas de viol ou d'inceste, lorsque la vie de la mère était en danger ou que le fœtus risquait de subir des dommages irréparables. L'avortement ne serait plus autorisé en cas de viol ou d'inceste dans la nouvelle mesure du PiS, qui aurait entraîné des peines de prison pour les femmes ayant recours à cette procédure. Cette loi a été rejetée en raison des nombreuses protestations et rassemblements de femmes polonaises. Dans le monde entier, notamment aux États-Unis, on a assisté à une montée d'attitudes similaires à l'égard des femmes, généralement étayées par des précédents historiques. Le néonazi connu sous le nom de weed a collaboré avec le célèbre weed Andrew Auernheimer au journal fasciste The Daily Stormer. Il a écrit un article intitulé "Just What Are Traditional Gender Roles ?" pour The Daily Stormer en mai 2017. Il soutient que seules les communautés juives et certaines communautés tsiganes ont historiquement considéré les femmes comme des biens dans toutes les civilisations européennes.

"La transmission patrilinéaire de la propriété étant contraire aux principes du judaïsme, les Juifs ont tenu à résister à ces idées. En raison de la perversion continue du judaïsme, l'Europe a cette notion ridicule des femmes en tant que personnes différentes."

"Selon Weev, l'histoire européenne est fondée sur des normes patriarcales en matière de genre, qui reflètent l'idéologie nazie du vingtième siècle. La littérature de Weev défend les traditions en matière de rôles de genre, et le passé agit comme une ligne de démarcation entre ceux qui y croient et ceux qui n'y croient pas. Dans le passé, que ce soit dans l'Allemagne nazie ou plus récemment, cette distinction amère a conduit au génocide. Une organisation fasciste et suprématiste connue sous le nom de mouvement Hutu power a vu le jour au Rwanda dans les années qui ont précédé le massacre de 1994. Kangura, le journal du Hutu power, a publié en 1990 les Dix commandements du Hutu. Les trois premiers concernent le sexe. - Le premier considère comme un traître quiconque épouse une femme tutsie. Selon le troisième, les femmes et les filles des hommes hutus ne doivent pas permettre à leurs parents masculins (frères et fils) d'épouser des femmes tutsis. Enfin, il y a ce commandement :

"Nos femmes hutues sont mieux préparées que nos filles non hutues à devenir des femmes, des épouses et des mères. Ne sont-elles pas étonnantes, d'excellentes secrétaires et des personnes tout à fait remarquables ?"

Dans l'idéologie du pouvoir hutu, les femmes hutues ne sont considérées que comme des épouses et des mères, et elles sont chargées de la tâche sacrée de maintenir la pureté de la race hutue. La nécessité de protéger la pureté raciale a été l'une des principales justifications du massacre des Tutsis en 1994. Le langage sexiste et les références aux rôles et à l'importance des femmes sont courants dans les discours politiques, mais leur signification est rarement prise en compte. En 2016, un enregistrement a fait surface montrant Donald Trump faisant des déclarations vulgaires sur les femmes alors qu'il faisait campagne pour l'élection présidentielle aux États-Unis. Mitt Romney, candidat du Parti républicain à l'élection présidentielle de 2012, a averti que les commentaires de Donald Trump "rabaissaient nos femmes et nos filles".

"Le président de la Chambre des représentants, le républicain Paul Ryan, a déclaré ce qui suit. "Les femmes doivent être défendues et chéries, et non réduites à l'état d'objet". Ces deux phrases révèlent un état d'esprit patriarcal qui imprègne de nombreuses factures du Parti républicain aux États-Unis. Enfin, ces dirigeants ont peut-être simplement dit l'évidence : les déclarations de Trump dégradent la moitié d'entre nous. Romney ne fait allusion aux femmes qu'en tant qu'"épouses et filles", et il les décrit en utilisant une terminologie similaire aux dix commandements hutus. Dans la même phrase, Paul Ryan décrit les femmes en parlant de "révérence" plutôt que d'"estime égale". Dans l'idéologie politique fasciste, la famille patriarcale est étroitement liée aux traditions nationales.

En 2010, le président Viktor Orbán a été réélu Premier ministre de la Hongrie. Il a supervisé l'érosion des institutions libérales du pays pour construire un régime illibéral. En avril 2011, Viktor Orbán, le Premier ministre hongrois, a présidé à

l'adoption de la "loi fondamentale de la Hongrie".
Tout d'abord, le père fondateur de la Hongrie,
Saint Étienne, est remercié dans "l'Avouée
nationale", qui commence par faire l'éloge de la
création de l'État hongrois en 918. Dans ses
dernières lignes, l'Avouée nationale se vante que
"notre pays a défendu l'Europe dans une série de
batailles" (vraisemblablement contre l'Empire
ottoman musulman) au cours des siècles.
L'importance du christianisme dans la
préservation de l'identité nationale est reconnue,
de même que le désir de "promouvoir et maintenir
notre héritage culturel". Les dernières lignes de
l'Avouée nationale promettent "un besoin
permanent de renouveau spirituel et intellectuel"
et "un moyen pour les générations suivantes de
restaurer la grandeur de la Hongrie".

Les lettres sont utilisées pour désigner les
articles qui constituent "La Fondation", le premier
recueil d'articles de la Loi fondamentale. Les
Hongrois doivent défendre le mariage en tant que
décision individuelle et la famille en tant que pierre
angulaire de la survie de la nation.

- Les familles devraient être construites sur la base d'un mariage ou d'un lien entre parents et enfants.

- Les Hongrois seront invités à s'engager à avoir des enfants pour la deuxième fois consécutive.

- Une loi cardinale régira la préservation des familles.

Il est possible de reconnaître les articles de la collection "Liberté et responsabilité" grâce à leur numérotation romaine. L'article II de la Constitution rend l'avortement illégal. Dans les documents fondateurs de notre pays, nous avons appris que le patriarcat est un bel héritage historique qui doit être protégé contre le libéralisme. Il est courant pour les partisans des tactiques fascistes de créer une atmosphère de peur pour les hommes et la capacité du groupe dominant à préserver sa pureté et son statut contre les menaces extérieures en évoquant les souvenirs d'un passé patriarcal. Le "retour" à une société patriarcale dans la politique nazie remonte à Saint-Étienne en Hongrie. Ils se sont imposés comme des leaders à part entière, avec leurs propres programmes culturels et économiques, à une époque de grande prospérité. Ce point est essentiel d'un point de vue stratégique. À l'instar de la suprématie blanche aux États-Unis, le fascisme peut être considéré comme une politique fondée sur la hiérarchie. Le déplacement de la réalité par le pouvoir est l'une des méthodes de mise en œuvre de cette hiérarchie.

Pour des raisons génétiques ou de prophétie religieuse, ou les deux, vous leur avez déjà vendu un horrible mensonge lorsque vous convainquez un groupe de personnes qu'elles ont le droit divin de régner sur les autres. Le mouvement völkisch allemand, qui cherchait à recréer un passé allemand fictif, a été la force motrice de l'Allemagne nazie. À leur décharge, des responsables comme Alfred Rosenberg et Heinrich Himmler, deux des figures les plus influentes du régime, étaient d'ardents partisans de la philosophie völkisch et se sont efforcés de la répandre au sein du parti nazi. Les études sur les antiquités allemandes et le nazisme sont liés dans l'ouvrage de Mees sur les études sur les antiquités allemandes, The Science of the Swastika, publié en 2008 :

"Les écrivains völkisch ont compris au début du XXe siècle que les images des anciens Allemands pouvaient être utilisées pour légitimer les objectifs impérialistes d'aujourd'hui. À la fin des années 1930, dans les périodiques nazis, le désir d'Hitler de gouverner l'Europe continentale était présenté comme un simple accomplissement du destin germanique, la continuation des anciennes migrations aryennes et plus tard germaniques à travers le continent".

Les méthodes de Rosenberg, Himmler et d'autres dirigeants nazis ont inspiré d'autres pays. Selon le mouvement Hindutva en Inde, les Hindous étaient la population originelle de l'Inde avant l'arrivée des Musulmans puis des Chrétiens. Ils suivaient des coutumes patriarcales et s'adonnaient à des pratiques sexuelles puritaines. L'Hindutva a créé un passé mythique pour l'Inde, basé sur une nation purement hindoue, afin de promouvoir ce que les historiens croient être la véritable histoire de l'Inde. La branche politique du Rashtriya Swayamsevak Sangh (RSS), une organisation nationaliste hindoue d'extrême droite qui a encouragé la persécution des minorités non hindoues, est à l'origine de B.J.P.. Le Premier ministre indien Narendra Modi et l'assassin de Gandhi, Nathuram Godse, ont appartenu au RSS indien. Dans les années 1930 et 1940, le RSS a été fortement influencé par les mouvements fascistes en Europe, et ses dirigeants ont souvent fait l'éloge d'Hitler et de Mussolini.

Le déplacement de la réalité est l'objectif stratégique des hiérarchies historiques, et la suppression des vérités défavorables est nécessaire pour créer un beau passé. Cependant, les événements historiques eux-mêmes ne sont jamais vénérés dans la politique fasciste. L'histoire est également réécrite pour minimiser ou même effacer les transgressions passées de la nation. Les politiciens d'extrême droite présentent souvent l'histoire comme une fabrication des élites libérales et des mondialistes pour nuire aux personnes qui composent la "nation" actuelle, plutôt que comme quelque chose de fondé sur la réalité. Les monuments confédérés ont commencé à fleurir dans tout le pays après la fin de la guerre civile, dans le cadre d'un récit mythifié du passé du Sud qui omet les atrocités de l'esclavage. Le président Trump a déclaré que les Américains blancs qui célèbrent leur "héritage" ne devraient pas être obligés de se sentir mal à ce sujet. Effacer la véritable histoire d'une nation antérieure ethniquement pure et vertueuse pour la légitimer. Toutes les traces physiques et historiques de l'existence du peuple Rohingya sont supprimées dans le cadre du nettoyage ethnique du Myanmar. L'un des membres du ministère de la sécurité de l'État de Rakhine a déclaré que "les Rohingyas n'existent pas". "C'est une ruse.

Les forces de sécurité du Myanmar cherchent à "effacer tout ce qui reste du paysage et de la mémoire des Rohingyas" pour ne laisser "qu'un cadre méconnaissable" aux réfugiés rohingyas qui rentrent chez eux, selon des responsables des droits de l'homme de l'ONU dans un rapport publié en octobre 2017. L'État de Rakhine, au Myanmar, comptait une communauté multiethnique et multireligieuse prospère avant 2012. Cette communauté musulmane a disparu depuis longtemps, ne laissant aucune trace de son existence autrefois prépondérante. Le fractionnisme nie l'existence même des pires chapitres de la nation. Début 2018, le parlement polonais a adopté une loi rendant punissables les atrocités commises par les nazis pendant l'occupation nazie de la Pologne, telles que les pogroms bien documentés de cette période. L'article 55a, clause 1, stipule que "quiconque accuse, publiquement et contre les faits", la nation polonaise et l'État polonais d'être responsables des crimes nazis commis par le troisième Reich allemand, ainsi que d'autres crimes contre la paix et l'humanité, ou de crimes de guerre, ou minimise grossièrement les auteurs réels de ces crimes, est passible d'une amende ou d'une peine d'emprisonnement pouvant aller jusqu'à trois ans.

" La loi pénale turque interdit "l'insulte à l'identité turque", y compris l'évocation du massacre des Arméniens pendant la Première Guerre mondiale. Article 301 Les gouvernements fascistes défaillants ont la réputation de légiférer pour effacer l'histoire d'une nation. L'un des premiers partis néofascistes d'Europe, le Front national, est le parti d'extrême droite français. Le premier chef du parti était Jean-Marie Le Pen, un négationniste. Marine Le Pen, arrivée en deuxième position lors de l'élection présidentielle de 2017, a été nommée à la tête du Front national. La dictature de Vichy a employé la police française pour rassembler et transporter les Juifs français vers les camps de la mort nazis. Marine Le Pen, candidate à l'élection présidentielle française de 2017, a nié que la France ait participé à la déportation massive de Juifs français vers les camps d'extermination nazis lorsqu'elle a été interrogée sur le pogrom du Vélodrome d'Hiver. Lors d'une interview télévisée en avril 2017, elle a déclaré que la France n'avait rien à voir avec le Vel' d'Hiv. En règle générale, les personnes influentes sont trop responsables de la situation.

"Nous sommes loin de la France", a-t-il déclaré. La culture libérale dominante a inculqué à nos étudiants qu'ils ont toutes les raisons de critiquer notre pays et de ne voir que les pires aspects de notre passé", dit-elle. Il ajoute : "Mon but est de les rendre à nouveau fiers d'être Français". Dans une nation où le négationnisme est illégal, Alternative für Deutschland (AfD) s'est hissé à la troisième place du parlement allemand en 2017 malgré son idéologie d'extrême droite. Lors de sa campagne électorale en septembre 2017, le parti chrétien-démocrate (CDU) au pouvoir en Allemagne a affirmé qu'"aucun autre peuple n'avait été aussi clairement présenté avec une histoire fausse que les Allemands." Galand a fait pression pour que "le passé revienne au peuple allemand", affirmant que les Allemands devraient être "fiers des succès de nos guerriers lors des deux guerres mondiales."

Au lieu d'utiliser les connaissances historiques sur la cruauté de l'esclavage pour "victimiser" les Américains blancs comme le font les Républicains aux États-Unis, l'Alternative pour l'Allemagne (AfD) utilise les connaissances historiques sur l'histoire nazie de l'Allemagne pour "victimiser" les Allemands blancs. Le leader de l'AfD, Björn Höcke, a fortement insisté au début de l'année sur la nécessité d'une "culture du souvenir qui nous mette en contact avant tout avec les grandes réussites de nos ancêtres". J'ai eu l'impression d'écouter Adolf Hitler, l'homme qui a inventé le récit nazi, lorsqu'il a parlé d'une "culture de la mémoire" dans le discours de M. Höcke. En 1936, Heinrich Himmler a déclaré qu'il choisirait la victoire plutôt que l'échec.

"Les peuples peuvent prospérer aujourd'hui et à l'avenir s'ils valorisent et honorent leur passé et les contributions de leurs ancêtres. Nous voulons faire

comprendre à notre peuple et aux Allemands que nous ne sommes pas une espèce primitive qui n'avait pas de culture propre, mais qui a dû l'acquérir auprès d'autres. "Notre objectif est de rendre notre peuple fier de son histoire.

Ainsi, les politiciens fascistes font un tri dans le passé pour éliminer tout ce qui interfère avec l'admiration irréfléchie de la grandeur du pays.

Les politiques et les actions de notre nation doivent être basées sur une compréhension partagée du passé de notre nation, y compris le nôtre. La règle de la vérité doit prévaloir sur tout agenda politique lorsqu'il s'agit d'écrire l'histoire dans une société démocratique. Dans le cas du fascisme, l'accent est mis sur la création d'un récit mythologique de l'histoire nationale qui peut être utilisé à des fins politiques. Toute personne préoccupée par les politiciens qui effacent activement les souvenirs historiques désagréables devrait se familiariser avec la littérature psychologique sur la mémoire collective. Leur article de 2013 intitulé "Motivés pour "oublier" : The Effects of In-Group Misconduct" (Motivés à "oublier" : les effets d'une mauvaise conduite au sein d'un groupe) examine l'impact des actes répréhensibles au sein d'un groupe sur la mémoire et la culpabilité collective. Katie Rotella et Jennifer Richeson ont raconté aux participants américains "le traitement cruel et violent des Indiens d'Amérique". Les premiers Américains (en tant que population) ou les colons européens de ce qui allait devenir les États-Unis étaient à blâmer (hors-groupe).

Des chercheurs ont montré que le fait de décrire les criminels comme des compatriotes aide le public à oublier leurs crimes. La revue Personality and Social Psychology l'a constaté dans une étude : "ce dont les participants se souvenaient était énoncé de manière plus dédaigneuse lorsque les agresseurs étaient des membres du groupe" par rapport à des sujets européens. La nouvelle étude de Rotella et Richeson s'appuie sur des recherches antérieures qui ont abouti à des résultats comparables.

En ce qui concerne les délits antérieurs commis par les membres de son groupe, il existe déjà une tendance intrinsèque considérable à les oublier et à les ignorer. Même si les autorités gouvernementales ne font rien pour mettre en lumière le passé du pays en matière d'esclavage, de génocide et d'antisémitisme, ses citoyens aux États-Unis, en Pologne et en Turquie sont susceptibles de minimiser ces événements. Lorsque les responsables politiques en font une politique scolaire officielle, ils ne font qu'aggraver la situation.

Les dirigeants fascistes exploitent l'histoire pour construire une alternative mythique à la réalité historique afin d'atteindre leur objectif ultime : remplacer la vérité par le pouvoir. Viktor Orbán, premier ministre hongrois, a utilisé l'histoire de la résistance de la Hongrie à l'Empire ottoman au cours des XVIe et XVIIe siècles pour justifier la restriction des admissions de réfugiés. Même si la religion n'a joué qu'un rôle mineur dans ces guerres, la Hongrie était la frontière naturelle entre les royaumes musulmans et chrétiens. (Il était rare que des chrétiens soient contraints de se convertir à l'islam dans l'ensemble de l'Empire ottoman). Grâce au passé mythologique d'Orbán, la complexité du passé a été réduite juste assez pour lui permettre d'atteindre ses objectifs". L'histoire du Sud a été mythifiée aux États-Unis pour expliquer la réticence du pays à accorder le droit de vote aux Afro-Américains.

Pour justifier leur réticence à accorder le droit de vote aux Afro-Américains, les Sudistes invoquent la Reconstruction, c'est-à-dire la période qui a suivi immédiatement la guerre civile de 1865. Les politiciens noirs des États du Sud, comme la Caroline du Sud, exerçaient un pouvoir important. Ils ont siégé au Congrès des États-Unis pendant une dizaine d'années en raison du grand nombre d'Afro-Américains présents dans ces États pendant cette période. La Reconstruction a pris fin lorsque les Blancs du Sud ont adopté une législation qui empêchait effectivement les Noirs de voter. La Reconstruction a été décrite par les Blancs du Sud comme une période de grande corruption politique, la stabilité n'étant rétablie que lorsque les Blancs ont repris le contrôle total.

Ils ont diffusé le mythe selon lequel les Noirs ne pouvaient pas se gouverner eux-mêmes. "Black Reconstruction", l'ouvrage monumental publié en 1935 par W.E.B. Du Bois, réfute le récit officiel de la période de la Reconstruction. Du Bois affirme que les élites blanches du Sud et du Nord ont mis fin à la Reconstruction parce qu'elles craignaient que les Noirs nouvellement libérés et les Blancs pauvres ne développent un puissant mouvement ouvrier qui résisterait aux intérêts du capital. Comme Du Bois l'illustre dans son livre, les législateurs noirs ont déployé des efforts considérables pour satisfaire leurs collègues blancs pendant la période de la Reconstruction. Il a fallu attendre longtemps avant que les événements décrits par Du Bois dans son livre Black Reconstruction ne soient reconnus comme une réalité. Pour des raisons politiques, les historiens universitaires ont activement poussé à un récit erroné de la Reconstruction. En raison des blessures psychologiques causées par la guerre civile, les Américains blancs n'ont pas appliqué leur discipline à la recherche de la vérité. Les historiens ont utilisé une version rassurante de l'histoire pour soutenir l'élimination des garanties minimales pour les résidents noirs des anciens États esclavagistes. Le dernier chapitre du livre est intitulé "La propagande de l'histoire". La critique du livre de Du Bois utilise la connaissance historique, la vérité et l'objectivité pour servir des objectifs politiques. Selon Du Bois, cela affaiblirait

la discipline historique. L'histoire peut être utilisée
à des fins politiques lorsqu'elle présente un faux
récit au nom de l'objectivité et de la vérité.

CHAPITRE 2

DEFORMER LE LANGAGE DES IDEAUX

Il est difficile de faire passer une politique qui va nuire à de nombreuses personnes. L'objectif de la propagande politique est de couvrir les programmes des politiciens et des partis politiques avec des valeurs communément reconnues. Ce qui a commencé comme une lutte de pouvoir dangereuse et déstabilisante a évolué vers un conflit dont le but ultime est la stabilité ou la liberté. La défense de valeurs vertueuses est utilisée pour unifier les individus contre des objectifs autrement indésirables. La "guerre contre le crime" de Nixon est un exemple d'objectif déguisé en objectif vertueux pour atteindre un objectif infâme. Dans son livre From the War on Poverty to the War on Crime : The Making of Mass

Incarceration in America, l'historienne de Harvard Elizabeth Hinton utilise des extraits du journal du chef de cabinet de Nixon, H. R. Haldeman, pour examiner cette stratégie : "Vous devez accepter la vérité que le problème principal est essentiellement celui des Noirs", a déclaré Nixon à Haldeman dans une note de journal datant d'avril 1969, selon Haldeman. La clé : "Il est important de mettre en place un système qui le comprenne, mais qui n'en ait pas l'air. Nixon était parfaitement conscient de la manière dont la politique de lutte contre la criminalité pouvait être utilisée pour masquer les motivations raciales qui sous-tendaient les initiatives de politique intérieure de son administration. Après cet entretien, la rhétorique "loi et ordre" de Nixon dissimulait un objectif racial et politique. Cet objectif était évident à la Maison Blanche.

Depuis de nombreuses décennies, les groupes fascistes "nettoient les marécages". Les politiques fascistes sont souvent associées à de fausses accusations de corruption, et les efforts de lutte contre la corruption sont généralement au centre des organisations politiques fascistes. Même si les dirigeants fascistes sont connus pour leur rhétorique anti-corruption, il est étrange de les entendre se plaindre de la corruption des États dont ils aspirent à prendre le contrôle. Les groupes nazis ont "nettoyé les marais" pendant des décennies, selon l'historien Richard Grunberger dans The 12-Year Reich.

"Les politiciens des partis fascistes encouragent parfois les efforts de lutte contre la corruption en accusant faussement la corruption et en participant à des comportements corrompus. Cela est d'autant plus étrange que les politiciens fascistes sont toujours plus corrompus que les personnes qu'ils essaient de remplacer ou de renverser, ce qui est une contradiction. Dans le livre de Richard Grunberger, The 12-Year Reich, il écrit : "[...]

L'homme politique fasciste considère la corruption comme une perversion de la morale plutôt que comme une violation de la loi. Les dénonciations de la corruption par les politiciens fascistes semblent être une condamnation de la corruption politique lorsqu'elles sont prononcées à titre officiel. La corruption est définie ici comme le renversement de l'autorité établie. Les allégations de corruption fabriquées de toutes pièces ont précipité l'effondrement de la Reconstruction. "Le cœur de l'accusation de corruption [...] était en réalité que des hommes pauvres contrôlaient et taxaient des hommes aisés", affirme W.E.B. Du Bois dans Black Reconstruction. Du Bois décrit également le principal argument en faveur de la privation des droits civiques des citoyens noirs :

"En fin de compte, le Sud a choisi à la quasi-unanimité le nègre comme principale source de corruption dans la région. Tout au long de la

Reconstruction, ils ont affirmé que la cause de la malhonnêteté était le fait que 4 000 000 de travailleurs noirs privés de leurs droits, après 250 ans d'exploitation, avaient obtenu le droit légal d'avoir leur mot à dire dans leur gouvernement, dans les types de biens qu'ils produiraient et le type de travail qu'ils effectueraient, et dans la distribution de la richesse qu'ils créaient".

De nombreux Américains blancs pensent que le président Obama était corrompu parce qu'il a occupé la Maison Blanche pour défier l'ordre conventionnel des choses. Les gens considèrent comme un signe de corruption le fait que des femmes occupent des postes d'autorité traditionnellement occupés par des hommes ou que des minorités, notamment des musulmans, des noirs, des juifs, des homosexuels et d'autres "cosmopolites", bénéficient des biens publics d'une démocratie, tels que les soins de santé, ou même y participent. Tant que les membres du pays élu prennent ce qui leur appartient, les dirigeants fascistes savent que leurs partisans fermeront les yeux sur leur véritable corruption.

La propagande fasciste est connue pour déguiser la corruption en croisade anti-corruption. Le chef de la publicité de Vladimir Poutine a été Vladislav Surkov pendant de nombreuses années. Selon Peter Pomerantsev, le "système politique en microcosme" de Surkov se compose d'une rhétorique démocratique et d'un objectif antidémocratique.

Il est essentiel de comprendre les motivations anti-démocratiques de la propagande fasciste. Elles visent à démanteler l'État de droit pour le remplacer par les ordres de dirigeants individuels ou de chefs de parti. Il s'agit d'un objectif commun aux nations fascistes. Les Arians de faction accusent souvent les magistrats indépendants de préjugés et de corruption pour les remplacer par des loyalistes qui manipuleraient cyniquement la loi pour faire avancer leurs programmes politiques. Il s'agit d'une pratique courante dans les États fascistes. Même dans des pays comme la Hongrie et la Pologne, où le passage de la démocratie à l'autoritarisme s'est fait relativement rapidement, l'approche consistant à affaiblir le pouvoir judiciaire indépendant est apparue comme une arme particulièrement puissante dans la lutte contre le totalitarisme. Selon le raisonnement officiel, les anciennes traditions d'impartialité judiciaire ont servi de couverture aux préjugés contre l'administration en place. Les politiciens fascistes attaquent et affaiblissent les institutions qui pourraient autrement limiter leur autorité sous le prétexte d'éradiquer la corruption et la discrimination présumée.

De même, la politique fasciste vise à sauvegarder la liberté et les libertés individuelles tout en s'attaquant à l'État de droit. Pour jouir de ces libertés, certains groupes doivent être soumis à des discriminations. Oration : Frederick Douglass a prononcé un discours le 5 juillet 1852 pour commémorer le Jour de l'Indépendance. Dès le début de son discours, Douglass reconnaît que cette journée honore la liberté politique :

"Le 4 juillet, comme nous le célébrons, est arrivé. Ce jour-là, vous célébrez l'anniversaire de l'indépendance de votre pays et votre droit de vote. La Pâque était une célébration de la liberté pour le peuple libéré de Dieu".

Dans la première partie de son discours, Douglass fait l'éloge de l'attachement des pères fondateurs à la liberté et de l'importance de cette journée en tant que commémoration de l'idéal américain de liberté et de liberté individuelle. En tant qu'ancien esclave, Douglass s'interroge donc :

"Emmener un homme enchaîné dans le magnifique temple éclairé de la liberté et lui demander de se joindre à vous dans des mélodies joyeuses, c'est une horrible moquerie et une ironie sacrilège. M'invitez-vous à prendre la parole aujourd'hui pour vous faire une farce, chers concitoyens ?"

Qu'est-ce que le 4 juillet pour une personne réduite en esclavage ? Ce discours emblématique de Frederick Douglass met en cause l'hypocrisie des États-Unis, qui perpétuent l'esclavage tout en célébrant les idéaux de la liberté. Au XIXe siècle, même les habitants du Sud considéraient leur pays comme un phare de la liberté. Qu'en résulte-t-il, se demande Douglass, lorsque ce phare a été érigé par des esclaves et des autochtones dont les droits fonciers et les droits à la vie ont été régulièrement ignorés ? Lorsqu'il s'agissait de promouvoir la liberté, tout le monde s'accordait à dire que ni les Américains d'origine, ni les Africains transportés comme esclaves ne méritaient d'en bénéficier - une philosophie fasciste à son paroxysme, fondée sur un système de valeurs raciales. Le libéralisme était influent dans la Confédération parce qu'il liait ouvertement les droits des Sudistes blancs à la conception de l'esclavage. La liberté de faire tout ce que l'on veut est une évidence lorsque quelqu'un d'autre fait le gros du travail à notre place. Le mode de vie tranquille du propriétaire de la plantation sudiste était lié à la croyance suprématiste en la suprématie de la race blanche. En raison de ces facteurs institutionnels, la conception sudiste de la liberté s'est construite sur la perversion de l'esclavage. L'un des moyens de préserver la liberté des États américains du Sud contre l'intrusion fédérale est d'utiliser le langage des "droits des États". Toutefois, le lien le plus étroit avec le mouvement des "droits des États" est l'action fédérale visant à abolir l'esclavage et les lois Jim Crow qui en découlent et qui refusent le droit de vote aux résidents noirs. Les "droits des États" sont devenus un cri de ralliement pour de nombreux Sudistes blancs qui voulaient avoir le pouvoir de limiter les droits et les libertés de leurs voisins noirs.

Le processus démocratique a souvent été utilisé pour élire des dictateurs fascistes dans le passé. Cette victoire s'accompagne d'une perte d'attachement à des libertés telles que le droit de vote. D'autre part, Mein Kampf célèbre le "libre choix du chef, associé à son devoir d'assumer l'entière responsabilité de tout ce qu'il fait et fait faire" dans la "véritable démocratie germanique" de l'Allemagne. Après un vote démocratique, Hitler décrit le contrôle absolu d'un dirigeant. Dans la description que fait Hitler de la "véritable démocratie germanique", il n'est pas fait mention d'une élection ultérieure du dirigeant. L'histoire mythologique des dirigeants allemands médiévaux élus à vie est également une source d'inspiration pour Hitler. Quoi qu'il en soit, ce n'est pas la démocratie.

Les valeurs démocratiques libérales sont utilisées comme un voile pour se détruire elles-mêmes dans l'utilisation par la Confédération de la notion de liberté pour préserver l'esclavage, dans le plaidoyer des États du Sud en faveur des "droits des États" pour défendre l'esclavage, et dans la description par Hitler du contrôle totalitaire comme étant une démocratie. Dans chacun de ces cas, on peut affirmer que l'objectif antilibéral répond à l'idéal libéral. Il a été avancé que les "droits des États", un principe libéral d'autodétermination, permettaient la pratique de la subordination raciale dans le Sud de Jim Crow, puisque chaque État en décidait ainsi. Hitler prétend que la "vraie démocratie germanique" - c'est-à-dire la tyrannie d'un seul individu - est une véritable démocratie parce que ce n'est que dans un tel système qu'il existe une véritable responsabilité individuelle pour les choix politiques. La responsabilité personnelle est une idée libérale par excellence.

Dans la République de Platon, livre 8, Socrate affirme que les gens ne sont pas intrinsèquement enclins à l'autogestion, mais qu'ils désirent plutôt un chef solide à suivre. En autorisant la liberté d'expression dans une démocratie, on donne à un démagogue la possibilité de jouer sur les ressentiments et les insécurités du peuple. La démocratie sera remplacée par la tyrannie si l'homme fort prend le contrôle. Ce livre affirme que la démocratie est un système autodestructeur dont les objectifs fondamentaux mènent à la mort (Livre 8 de La République).

Le chef de la propagande nazie, Joseph Goebbels, aurait déclaré : "Ce sera toujours l'un des plus beaux gags de la démocratie, qu'elle ait fourni à ses ennemis les plus mortels les instruments par lesquels elle a été détruite". Il en a toujours été ainsi. Une fois de plus, les opposants à la démocratie libérale utilisent cette tactique pour pervertir le discours des autres, repoussant les limites de la liberté d'expression jusqu'à leur point de rupture.

L'ancienne bibliothécaire et l'activiste Desiree Fairooz étaient présentes lors de l'audience de confirmation de Jeff Sessions. Le sénateur Sessions de l'Alabama s'est vu refuser sa confirmation à la Cour fédérale en 1986 après que des accusations de radicalisme d'extrême droite, notamment de racisme, ont été portées contre lui (en tant que sénateur, Sessions s'était fait un nom en fomentant la panique au sujet de l'immigration). Mme Fairooz s'est esclaffée lorsque le sénateur de l'Alabama Richard Shelby a déclaré que M. Sessions avait un "dossier bien documenté sur le traitement équitable de tous les Américains en vertu de la loi". Elle a été arrêtée et inculpée immédiatement pour comportement perturbateur et désordonné. Elle a été accusée par le ministère de la justice, dirigé par M. Sessions. Ce n'est qu'en novembre de la même année que le ministère de la Justice de M. Sessions a décidé de maintenir les poursuites contre Mme Fairooz. Le ministère de la Justice a abandonné ses efforts pour la juger pour rire après qu'un tribunal a rejeté les accusations à l'été 2017.

M. Sessions est loin d'être un défenseur de la liberté d'expression aux États-Unis. Pour aggraver les choses, Sessions a fait ses remarques sur la liberté d'expression à la faculté de droit de Georgetown le mois même où le ministère de la Justice essayait de faire passer un citoyen américain en jugement pour leur amusement face à la dernière tentative du gouvernement en la matière. Cette semaine, l'appel du président Trump aux propriétaires des équipes de la Ligue nationale de football pour qu'ils licencient les joueurs qui s'agenouillent pendant l'hymne national en signe de protestation contre le racisme, un exercice des droits du premier amendement s'il en est, a dominé l'actualité. M. Sessions a appelé à un "engagement national" en faveur de la liberté d'expression et du premier amendement.

Le discours des nationalistes d'extrême droite en faveur de la liberté d'expression a récemment dominé la politique américaine. Les "Trump Free Speech Gatherings" sont le nom donné aux fréquents rassemblements pro-Trump de Portland. Lorsqu'un nationaliste d'extrême droite aurait poignardé trois personnes qui tentaient de s'interposer alors qu'il hurlait des propos antimusulmans à l'encontre de deux jeunes femmes en mai 2017, la ville a été le théâtre d'un incident terroriste nationaliste blanc particulièrement violent. Deux personnes ont été poignardées et sont décédées des suites de leurs blessures. Lors de sa mise en accusation, Christian a crié :

"La liberté d'expression ou la mort, Portland !" Il n'y a pas de refuge où se cacher. Nous sommes aux États-Unis d'Amérique. Arrêtez-vous ici si vous ne croyez pas à la liberté d'expression. Le terrorisme, vous l'appelez ; le patriotisme, je l'appelle."

Notre droit à la liberté d'expression est essentiel dans une démocratie représentative, car il encourage les individus et les élus à s'engager dans un débat éclairé sur des questions importantes. Lorsqu'une discussion se transforme en agression physique et que l'on crie des obscénités à l'autre tout en accusant les manifestants d'essayer de les faire taire, ce n'est pas le type de dialogue public que le droit à la liberté d'expression est censé défendre. Au lieu de faciliter le dialogue public, Jeremy Joseph Christian a cherché à participer à un type de communication qui l'entrave. Le fascisme est connu pour élever l'irrationnel au-dessus du rationnel et l'émotion obsessionnelle au-dessus de la raison. L'ascension du fascisme est cependant rarement visible, car il utilise la propagande. L'article de Kenneth Burke intitulé "The Rhetoric of Hitler's 'Battle'" (La rhétorique de la 'bataille' d'Hitler) a été publié en 1939. La lutte d'Hitler pour adopter les idées nationales-socialistes dans Mein Kampf, comme la prise de conscience que la vie est une lutte de pouvoir entre groupes dans laquelle la raison et l'objectivité ne jouent aucun rôle, la prise de conscience que les humains sont des bêtes, et le rejet des Lumières sont tous décrits par Burke dans ce livre. Selon Burke, les personnes qui qualifient l'hitlérisme de religion "irrationnelle" devraient corriger leur point de vue : "Elle est peut-être irrationnelle, mais elle est pratiquée sous la devise 'Raison'", ajoute Burke. Ils se croient obligés de rejeter les principes des Lumières en raison d'une rencontre brutale avec la réalité ou la loi naturelle. Par exemple, comme le souligne Burke, Hitler explique sa transformation en "antisémite fanatique" comme étant "un combat [entre] la logique et la réalité contre mes émotions". Ce qui est censé l'avoir conduit à cette conclusion - l'idéal des Lumières de la raison universelle - doit être rejeté en raison de son endoctrinement supposé par l'explication scientifique dans la croyance que l'existence n'est rien d'autre qu'une bataille brutale pour la domination.

CHAPITRE 3

PROMOUVOIR L'ANTI-INTELLECTUALISME

L'éducation, la compétence et la langue font l'objet d'attaques dans la politique fasciste pour étouffer le débat et éroder la confiance dans le processus démocratique. Seuls le pouvoir et l'identité tribale existent lorsque les différences de connaissance, de compétence et de langue sont érodées. Le fait que les collèges jouent un rôle dans la politique nazie n'enlève rien à leur importance. L'idéologie fasciste ne reconnaît qu'un seul point de vue comme valable : le pays auquel il est le plus étroitement associé. Les écoles enseignent aux élèves l'histoire légendaire de la culture dominante. Par conséquent, l'éducation représente un grave danger pour le fascisme ou sert de fondement essentiel à son soutien. Par conséquent, il n'est pas surprenant que les manifestations universitaires et les conflits culturels attirent l'attention des médias nationaux, qui les considèrent comme un véritable champ de bataille politique.

Les manifestations universitaires contre l'injustice et les abus d'autorité existent depuis au moins cinquante ans. Il suffit de penser à l'importance qu'elles ont eue dans la campagne anti-guerre des années 1960. Tant que le premier amendement protège la dissidence, les propagandistes ne peuvent pas l'attaquer directement, mais doivent la dépeindre comme violente et répressive (une "émeute"). Aux États-Unis, le mouvement Black Lives Matter, qui lutte contre la brutalité policière et l'injustice raciale, s'est installé sur les campus universitaires en 2015. Il n'est pas surprenant que l'université du Missouri ait été le premier endroit où Black Lives Matter a eu un impact, étant donné que le mouvement est né à Ferguson, dans le Missouri. Les étudiants de l'université du Missouri étaient connus sous le nom de "ConcernedStudents1950", en référence à l'année où la déségrégation a été mise en œuvre à l'université. L'un de leurs objectifs était de lutter contre les abus racistes auxquels les étudiants noirs étaient quotidiennement confrontés et de remettre en question le programme d'études qui présentait la culture et la civilisation comme la création unique des Blancs. Considérant les étudiants noirs protestataires comme une foule en colère, les médias ont utilisé l'événement pour inciter à la haine contre ce qu'ils considéraient comme la politique prétendument libérale de l'université.

Cette stratégie est utilisée pour éroder la crédibilité des institutions qui soutiennent les opinions dissidentes jusqu'à ce qu'elles puissent être remplacées par des médias et des établissements d'enseignement supérieur qui ne le font pas. Une tactique courante consiste à accuser l'autre personne d'hypocrisie. Actuellement, une campagne de droite accuse les universités de duplicité sur la question de la liberté d'expression. Les universités, affirment-elles, professent la liberté d'expression par-dessus tout, mais autorisent des rassemblements contre elles sur le campus pour faire taire toute opinion qui ne penche pas à gauche. Au cours des deux dernières années, ceux qui critiquent les groupes de défense de la justice sociale sur les campus universitaires ont découvert un moyen astucieux de devenir les cibles des manifestations. Ils affirment que les manifestants tentent de les réduire au silence.

Ces affirmations ont également été formulées dans les salles de classe. Depuis les années 1980, l'activiste d'extrême droite David Horowitz s'en prend aux universités et à l'industrie cinématographique. Academics : The Academics, un livre publié en 2006 par David Horowitz, comprend une liste des "101 universitaires les plus dangereux d'Amérique", dont beaucoup sont favorables aux droits des Palestiniens. Dans son livre One-Party Classroom, publié en 2009, il a dressé une liste des "150 cours les plus destructeurs en Amérique".

Dans les universités, les politiciens fascistes s'en prennent aux universitaires qu'ils jugent trop politiques - typiquement, trop marxistes - et rejettent des domaines d'études entiers. Dans les pays démocratiques libéraux, le fascisme a tendance à cibler des domaines académiques particuliers. Les groupes nationalistes d'extrême droite du monde entier, par exemple, critiquent les études de genre. Les professeurs et les instructeurs qui enseignent ces sujets sont accusés de défier les normes culturelles du pays.

Un trope bien connu de la rhétorique fasciste consiste à accuser les établissements d'enseignement supérieur, tels que les universités et les collèges, d'être à l'origine de la montée du fascisme. Dans la politique fasciste, le terme est souvent utilisé pour dénigrer l'égalité sans faire le lien avec Marx ou le marxisme. Les universités qui tentent d'offrir un espace intellectuel, aussi modeste soit-il, aux points de vue défavorisés sont dénoncées comme des "foyers marxistes". Les études sur le genre, l'histoire afro-américaine et le Moyen-Orient sont des exemples de domaines condamnés par d'éminents fascistes pour avoir enseigné des points de vue autres que celui considéré comme dominant. Le point de vue dominant est souvent déguisé en vérité, en "véritable histoire", et tout effort visant à donner une place aux points de vue opposés est qualifié de "marxisme culturel".

En raison de sa vision patriarcale du monde, le fascisme a une position anti-féministe sur les études de genre. Suite aux attaques du national-socialisme contre les groupes de femmes et l'idéologie féministe, les nazis considéraient le féminisme comme un complot juif visant à saper la fertilité des femmes aryennes. En ce qui concerne les nazis et le mouvement féministe, Charu Gupta résume parfaitement la situation :

"Selon eux, le mouvement des femmes faisait partie d'un complot juif mondial visant à saper la famille allemande et, par conséquent, à anéantir le peuple allemand. Selon les activistes, le mouvement encourageait les femmes à établir leur indépendance économique tout en négligeant leur rôle principal de

porteuses d'enfants. Les idées féministes de non-violence, de démocratie et de "matérialisme" sont diffusées. Il menaçait la vie essentielle du peuple allemand en soutenant la contraception et l'avortement et en diminuant ainsi le taux de natalité".

Les fascistes utilisent les universités comme la "conspiration juive" derrière le mouvement des femmes dans leurs attaques contre les établissements d'enseignement supérieur. Les universités encouragent les études sur le genre, qui sapent les valeurs familiales traditionnelles et corrompent la masculinité.

Pour lutter contre ce qu'il considère comme les excès du féminisme occidental, le président russe Vladimir Poutine a transformé les universités en armes idéologiques. La conférence d'un historien américain à l'université ultraconservatrice de Hillsdale College, dans le Michigan, a marqué le début du programme universitaire russe anti-gay et anti-féministe. Un grand nombre de personnes ont assisté à la conférence. Selon Gessen, un groupe permanent engagé dans la lutte contre les droits des homosexuels, le droit à l'avortement et les études sur le genre a été formé à la suite de l'importante participation au Congrès mondial des familles.

Depuis des années, le gouvernement russe cherche à fermer l'Université européenne de Saint-Pétersbourg en raison de ses tendances libérales. Elle a finalement été fermée en 2016 lorsque sa licence d'enseignement lui a été retirée. Selon l'institution, c'est une plainte officielle de Vitaly Milonov, membre du parti Russie unie de Vladimir Poutine, qui a motivé les inspections. M. Milonov est à l'origine d'une grande partie des lois draconiennes russes contre les homosexuels. M. Milonov a fait part de son mécontentement quant à l'approche de l'université en matière d'enseignement des études de genre. M. Milonov a déclaré : "Je pense que c'est méchant, que c'est de la recherche bidon et que cela pourrait bien être criminel. 6 Les études sur le genre posent un problème politique en Hongrie et en Pologne, où les dirigeants politiques tentent de présenter les universités comme des centres d'endoctrinement libéral. "Report from the Trenches : The Debate Around Teaching Gender Studies in Hungary", par Andrea Pet, décrit comment le sous-secrétaire du ministère hongrois des ressources humaines, Bence Rétvári, a assimilé les études de genre au marxisme-léninisme (encore une fois, le croquemitaine habituel des régimes fascistes).

Le mouvement d'extrême droite aux États-Unis, en Russie et en Europe de l'Est est bien connu pour ses attaques contre les études de genre. En 2010, le mouvement Tea Party a pris le contrôle de la législature de Caroline du Nord. L'éminente université de Caroline du Nord et le gouverneur républicain Pat McCrory ont été simultanément la cible de ces deux groupes. Le conseil d'administration de l'université a licencié ce président très respecté et avant-gardiste". M. McCrory a déclaré dans une interview que "les études de genre ou le swahili" sont deux matières qui ne devraient pas être enseignées dans les universités publiques (le swahili est une langue africaine parlée par 140 millions de personnes en tant que première ou deuxième langue). "L'étude du genre est un excellent choix. S'il le faut, il faut fréquenter une école privée", a ajouté M. McCrory. Certains diront qu'une université doit inclure la représentation de différents points de vue et que des modifications telles que celles mises en œuvre en Caroline du Nord permettent de prendre en compte différents points de vue. Pour être justifié dans nos propres croyances, nous devons constamment débattre avec ceux qui ne sont pas d'accord avec nous (et aussi parce qu'il n'y avait pas de place en premier lieu). Les professeurs de philosophie sont conscients qu'il peut être utile de se confronter à des arguments bien étayés en faveur d'idées opposées, et les universités bénéficient indubitablement d'un large éventail de points de vue. Ce postulat général n'est pas très logique.

Rush Limbaugh, personnalité radiophonique d'extrême droite aux États-Unis, a décrié "les quatre coins de la tromperie : le gouvernement, l'université, la science et les médias" dans son célèbre programme radiophonique. La tromperie est le seul moyen pour ces organisations de survivre. "C'est ainsi qu'elles déploient leurs ailes et développent leurs empires. 10 Rush Limbaugh présente ici une belle illustration de la façon dont la politique fasciste dévalorise et se moque des compétences. Dans une démocratie libre, les dirigeants politiques devraient consulter les personnes qu'ils représentent ainsi que les professionnels et les scientifiques qui peuvent le mieux expliquer les exigences de la réalité en matière de politique.

Les dirigeants fascistes, en revanche, sont des "hommes d'action" qui n'ont guère besoin de réfléchir ou de se concerter. Pierre Drieu la Rochelle, fasciste français, déclarait en 1941 : "C'est une sorte de type qui rejette la civilisation..... C'est un type qui rejette les doctrines parce qu'il ne croit pas aux concepts. C'est un type qui rejette les doctrines parce qu'il ne croit pas aux concepts. Pour lui, "les actes sont plus éloquents que les paroles, et les paroles sont plus éloquentes que les actes". Les leaders fascistes peuvent établir leurs réalités lorsque les collèges et les professionnels sont délégitimés. La science est depuis longtemps la cible des attaques de Limbaugh, l'animateur de radio conservateur déclarant que "la science est devenue un refuge pour les socialistes et les communistes." Le rejet de la science climatique par Trump et son administration est un exemple du triomphe du scepticisme scientifique dans notre atmosphère politique contemporaine.

Les dirigeants fascistes suppriment le discours intellectuel en rejetant la valeur de la connaissance. Malgré tous nos efforts, la réalité est toujours plus compliquée que notre capacité à la transmettre. Le langage scientifique exige un vocabulaire de plus en plus compliqué pour établir des différences apparentes qui pourraient autrement passer inaperçues. La réalité sociale comporte au moins autant de variables que la réalité physique. Le bon fonctionnement d'une démocratie libérale repose sur un discours public doté d'un vocabulaire diversifié permettant d'établir des distinctions. Un débat public sain est impossible sans cela. Une approche fasciste de la politique vise à dénaturer la terminologie politique afin de dissimuler la véritable nature de l'idéologie fasciste.

La LTI du national-socialisme est le livre de Victor Klemperer publié en 1947, La langue du Troisième Reich (abrégé en Lingua Tertii Imperii). Caractéristiques distinctives : Pauvreté" s'ouvre sur la phrase suivante : "La LTI est appauvrie. Elle a prêté serment de pauvreté, tant sa pauvreté est fondamentale". Le dirigeant nazi Adolf Hitler a clairement montré combien il était important d'avilir le discours public de cette manière. Il écrit ce qui suit dans le chapitre de Mein Kampf consacré à la propagande :

"La propagande doit être accessible aux membres les moins intelligents du public cible et doit être adaptée à leur niveau de compréhension intellectuelle. Par conséquent, elle doit abaisser son niveau d'élévation mentale pour faire face à la masse. La réceptivité et la compréhension de la population sont sévèrement limitées, mais sa capacité à oublier est bien plus grande que sa capacité à apprendre. Si tel est le cas, les "slogans à succès" sont les seuls moyens de transmettre l'essentiel de votre message.

La langue est un moyen de diffusion de l'information dans une société libre et ouverte. Il ne suffit pas d'insulter et de rire lors d'un débat public sur la propagande fasciste visant à l'abolir. Klemperer affirme que

"Toute langue qui peut se manifester librement répond à toutes les exigences humaines ; elle sert aussi bien la raison que l'émotion. Communication et discussion, soliloque et prière, appel, demande et invocation. C'est une langue qui peut parler d'elle-même. La LTI n'a d'autre utilité que de faciliter la dévotion. L'objectif principal de la LTI est de réduire tout le monde à l'état d'atomes dans un énorme bloc de pierre roulant, en supprimant leur individualité, en paralysant leur personnalité et en les transformant en animaux sans cervelle et soumis. En d'autres termes, c'est la langue des masses lorsqu'elle est utilisée de cette manière.

Principe fondamental de la politique fasciste, l'art oratoire n'est pas destiné à persuader l'intellect, mais plutôt à influencer la volonté. "Le mysticisme du fascisme est la preuve de son succès", a déclaré un collaborateur non identifié dans une publication fasciste italienne de 1925. Pour attirer, "l'émotion n'a pas besoin de rationalité". Selon Hitler, dans Mein Kampf, c'est une erreur d'interprétation considérable que de rejeter le langage simple comme étant stupide, où il discute de "La lutte dans les premiers jours : Le rôle de l'orateur". Il ressort de Mein Kampf que l'objectif premier de la propagande est de supplanter le débat logique par des peurs et des émotions irrationnelles dans l'arène publique. Interrogé sur le programme électoral de Trump, Steve Bannon a répondu : "Nous avons été élus sur Drain the Swamp, Lock Her Up, build a Wall [...]. La colère était tout ce que je pouvais ressentir. "La colère et la peur sont les moteurs de la participation électorale.

De nombreux groupes de droite s'en prennent aujourd'hui aux universités du monde entier pour avoir propagé le "marxisme" et le "féminisme" et n'avoir pas accordé une place importante aux idées d'extrême droite. Les attaques contre les établissements d'enseignement supérieur aux États-Unis, qui disposent pourtant du meilleur système universitaire au monde, sont de plus en plus fréquentes. Dans les médias, les manifestations d'étudiants sont décrites comme des émeutes de masses indisciplinées qui menacent l'ordre public. La politique fasciste a pour habitude de dénigrer les universités et les universitaires dans le discours public et de dépeindre les professeurs comme des partisans radicaux du "marxisme" ou du "féminisme" qui, sous prétexte d'études, défendent un programme idéologique gauchiste. La politique fasciste pousse le dialogue à la confrontation idéologique en dégradant les établissements d'enseignement supérieur et en altérant notre lexique commun pour discuter des politiques. Les politiques féministes obstruent la réalité en utilisant ce type de méthodes.

PARTIE 2

RENFORCEMENT DES ELITES

Malgré ce que l'on appelle la "troisième vague" de démocratisation à la fin du 20e siècle, de nombreuses dictatures ont perduré et de nouveaux gouvernements dictatoriaux ont vu le jour, ce qui a eu une influence considérable. Nous commençons par examiner les dictatures et les dictateurs du XXe siècle, mais surtout ceux qui ont été institutionnalisés après 1945, puis nous étudions les facteurs qui ont conduit à la survie et à la chute des dictateurs : la construction de la légitimité, la capacité des régimes à distribuer les ressources, les divisions au sein des coalitions de pouvoir, les luttes politiques intestines et, bien sûr, les régimes fascistes. En tant qu'"électorat d'un seul", les dictatures ont été décrites comme étant dominées par un seul individu : le dictateur lui-même. Une élite dirigeante se développe généralement sous les dictateurs, de sorte qu'ils ne gouvernent pas seuls.

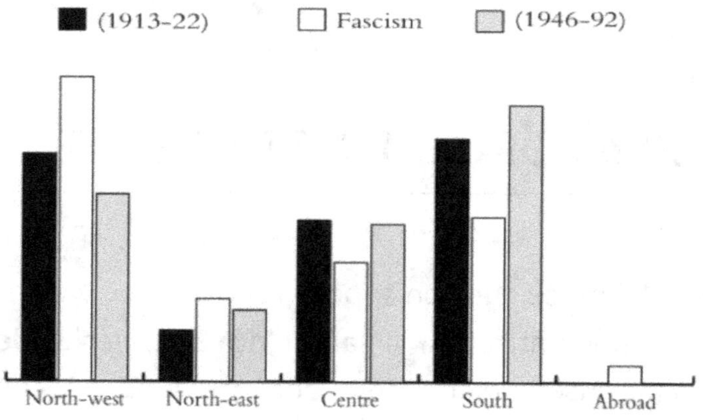

La localisation du pouvoir à l'époque fasciste

Les modèles institutionnels et politiques des autres dictatures remontent aux gouvernements fascistes d'Italie et d'Allemagne, dont les styles de direction, les partis politiques (souvent un parti unique ou dominant) et les méthodes d'organisation (souvent "technico-consultatives") reflétaient déjà les modèles de dictature dominants du XXe siècle. Au début du XXe siècle, les dictatures liées au fascisme étaient individualisées. Même les gouvernements établis à la suite de coups d'État militaires et même les

84

militaires ont donné naissance à des régimes et à des efforts plus ou moins fructueux pour construire des partis uniques ou dominants. Ce phénomène est fascinant à observer. La personnalisation des régimes est devenue une caractéristique importante de leur style de leadership. En l'espace de trois ans, plus de la moitié des 172 dictatures du XXe siècle qui avaient été "créées par des armées, des partis ou un mélange des deux" avaient été "partiellement ou totalement personnalisées". Il est important de rappeler que les autocrates doivent s'appuyer sur les institutions et les élites pour gouverner, et que leur influence à l'intérieur des régimes est souvent sous-estimée.

Pour les dictateurs, les élites et les organisations axées sur le débat et la prise de décision sont essentielles au maintien de leur légitimité et à la prévention de la confiscation de leur autorité. D'une autre manière, Amos Perlmutter affirme qu'aucun État autocratique ne peut perdurer sans le soutien des élites actuelles, telles que les gestionnaires et les technocrates, ainsi que les militaires. Même dans les dictatures "nominalement démocratiques", les institutions politiques influencent l'élaboration des politiques. "La conformité et la collaboration sont également importantes pour les autocrates, qui "ont besoin d'institutions prétendument démocratiques" dans certaines situations pour "organiser des compromis politiques" en offrant une tribune aux factions et en facilitant la conclusion d'accords. Lorsque nous examinons les dictatures du vingtième siècle, nous constatons un large éventail de différences institutionnelles. Les nombreuses institutions que Perlmutter appelle "les structures parallèles et auxiliaires de domination, de mobilisation et de contrôle", telles que les partis, les ministères, les parlements, les assemblées corporatistes, les juntes, et ainsi de suite, représentent les différences souvent passionnées qui caractérisent les régimes autoritaires. Le fascisme et le national-socialisme ont tenté de créer des institutions politiques et para-étatiques qui prévalaient dans d'autres dictatures de l'époque. Des administrations parallèles ont été mises en place par les partis fasciste et national-socialiste lorsqu'ils ont pris le pouvoir. Elles sont devenues le lieu de naissance d'une nouvelle élite politique et des médiateurs entre l'État et la société civile, ce qui a provoqué des conflits entre le parti unique, le gouvernement et l'appareil d'État. La montée en puissance de nouveaux centres de décision politique a également entraîné un déplacement de l'autorité du gouvernement et de la classe ministérielle vers les mains de Mussolini et d'Hitler.

Si nous voulons comprendre le fonctionnement des dictatures de la période fasciste, nous devons comprendre comment le parti unique, le gouvernement, l'appareil d'État et la société civile interagissent.

CHAPITRE 4

ÉTAT DE LA DESINFORMATION

Le doute plane sur la vérité, la propagande réussit à retourner les valeurs contre elle-même et les universités sont dénoncées comme sources de préjugés. Nous ne pouvons pas nous mettre d'accord sur ce qui est vrai. La politique fasciste substitue la peur et la rage à l'argumentation rationnelle. La colère et la méfiance à l'égard de ceux qui sont tenus pour responsables de la perte sont laissées dans le sillage de son public lorsqu'elle est efficace. Comme dans la politique fasciste, la vérité est échangée en faveur des déclarations d'une seule personne ou d'un seul parti politique. Le fascisme détruit l'espace d'information en mentant souvent et encore, le mensonge faisant ainsi partie du processus. Le fascisme permet à un dirigeant de remplacer la vérité par le pouvoir, ce qui lui permet de mentir sans répercussions à long terme. En prenant l'exemple de la politique fasciste, nous ne pouvons pas évaluer les arguments sur la base d'un seul critère. Lorsqu'il s'agit de détruire les espaces d'information et de briser le tissu de la réalité, les politiciens fascistes ont leurs propres tours dans leurs manches.

Les théories du complot abondent dans la politique mondiale actuelle, que ce soit aux États-Unis, en Russie ou en Pologne, comme tout observateur peut le constater. La définition des théories du complot soulève plusieurs questions difficiles. Giulia Napolitano, philosophe, affirme que les théories du complot doivent être considérées comme "ciblées" sur un groupe extérieur et au service d'un groupe intérieur. L'objectif des théories du complot est de dénigrer et de délégitimer leurs cibles en les associant à des comportements indésirables, principalement de manière symbolique. Contrairement à la croyance populaire, les théories du complot ne fonctionnent pas comme d'autres formes de connaissances, car elles sont souvent si absurdes qu'elles en deviennent invraisemblables. Leur objectif est plutôt d'alimenter le scepticisme du public quant à la légitimité et à la moralité de la cible. Les dirigeants fascistes utilisent les théories du complot pour délégitimer les médias traditionnels, qu'ils accusent d'être partiaux puisqu'ils ne rapportent pas les fausses conspirations.

Les dirigeants nazis tels que Hitler et Goebbels étaient convaincus de l'existence de cette notion de conspiration. À plusieurs reprises dans les textes nazis, la "presse juive" est critiquée pour ne pas avoir révélé le complot juif mondial ou ne pas s'y être opposée. En 2016, la saison électorale aux États-Unis a été marquée par les théories du complot. Hillary Clinton, la candidate démocrate, ainsi que les musulmans et les migrants ont été parmi les cibles de ces attaques. Le "Pizzagate" a sans doute été la plus farfelue de ces théories du complot.

Les théories du complot ont leur raison d'être, mais ce n'est pas toujours pour convaincre leur public qu'elles sont vraies. Dans ce scénario, la conjecture et la diffamation étaient censées être l'étendue du "Pizzagate". La théorie du complot du "birtherisme", selon laquelle le président Obama est né au Kenya et n'est donc pas en mesure d'exercer la fonction de président des États-Unis, a d'abord attiré l'attention du grand public sur Donald Trump. Selon lui, Wolf Blitzer et CNN travaillaient pour Obama lorsqu'ils n'ont pas couvert le sujet en mai 2012, alors qu'il était sur CNN pour la première fois. En ce qui concerne les théories conspirationnistes de Trump, Fox News lui a offert une plateforme toute prête. Les théories du complot caractérisent les politiques fondamentalistes, et le président Trump ne fait pas exception. En refusant de rendre compte des conspirations, les médias donnent l'impression d'être partiaux et, en fin de compte, complices de la conspiration qu'ils ne dénoncent pas.

En plus d'influencer la perception qu'ont les gens de la réalité, les théories du complot peuvent avoir un impact sur le déroulement des événements réels. Pour son conservatisme social et son mépris des institutions démocratiques libérales, le PiS, le principal parti d'extrême droite polonais, est surtout connu dans le monde entier. Le canular du "birtherisme" qui a propulsé Donald Trump sur le devant de la scène politique américaine et, en fin de compte, à la présidence, est moins connu en dehors de la Pologne que le fait que le PiS a accédé à la notoriété grâce à des théories du complot tout aussi absurdes. Alors qu'il atterrissait à l'aéroport de Smolensk, en Russie, un avion transportant le président polonais, Lech Khan, s'est envolé. Outre le président polonais Lech Kaczynski, plusieurs membres de l'élite politique polonaise, dont le directeur de la banque centrale et le chef du commandement général de l'armée, ont péri dans l'accident. Massacre de Katyn : Le 70e anniversaire de l'horreur a été commémoré par un groupe en route de plus de 21 000 officiers polonais. Pour la Pologne, l'accident d'avion est une catastrophe nationale. Selon les commissions russe et polonaise chargées d'enquêter sur les origines de l'incident et les transcriptions disponibles de l'enregistreur de la voix du cockpit, l'erreur de pilotage a été incriminée. Les récits officiels émanant des commissions d'enquête russe et polonaise ont toutefois été remis en question peu après la catastrophe par des responsables clés du PiS. L'administration modérée de la Pologne et le gouvernement russe ont été impliqués dans l'abattage de l'avion pour tenter de dissimuler le crime. L'accident a donné naissance à au moins vingt théories du complot liées au PiS. La "secte de Smolensk" a été qualifiée de théoriciens de la conspiration par les grands médias, une étiquette que les partisans des théories de la conspiration ont ensuite utilisée pour dénigrer et accuser les médias de préjugés. La victoire législative du PiS s'explique par la manière dont il a utilisé ces théories du complot pour affaiblir les principales institutions démocratiques du pays, le gouvernement et les médias. Les "médias libéraux" ont censuré les théories du complot de droite, que les dirigeants fascistes méprisent parce qu'elles révèlent des comportements malhonnêtes que les institutions démocratiques libérales sont censées couvrir. L'antisémitisme et l'anticommunisme sont deux thèmes communs aux théories du complot en Hongrie et en Pologne. Aux États-Unis, elles font appel aux craintes des plus paranoïaques à l'égard des étrangers.

Les conspirations visent à susciter la méfiance et l'anxiété généralisées afin de justifier des mesures drastiques telles que la restriction ou la fermeture des médias "libéraux" et l'emprisonnement de "l'ennemi de l'État". Le milliardaire philanthrope américain George Soros est né à Budapest, en Hongrie, de parents juifs hongrois. Dans le cadre de l'Open Society Foundations, la fondation caritative de Soros a contribué à la création de la Central European Institution, la première université hongroise, qui a aidé à promouvoir la démocratie dans plus d'une centaine de pays à travers le monde. En 2017, M. Orbán a affirmé qu'il existait un "plan Soros" visant à inonder la Hongrie de migrants non chrétiens et à éroder le caractère chrétien du pays. Des panneaux d'affichage et des publicités télévisées attaquant George Soros ont été utilisés par l'administration d'Orbán dans le cadre d'une campagne que beaucoup ont considérée comme ouvertement antisémite. L'administration d'Orbán considère que l'absence de preuves de Soros dans les grands médias prouve que le milliardaire juif a l'intention d'inonder la Hongrie de migrants non chrétiens. C'est Orbán qui déforme la réalité. Parmi les meilleurs théoriciens de l'autoritarisme du XXe siècle, Hannah Arendt a souligné la pertinence des théories du complot. Elle déclare ce qui suit dans Les origines du totalitarisme :

"Les premiers critères de sélection des thèmes étaient leur caractère mystérieux. Ce type de propagande illustre l'un des aspects les plus importants de la population d'aujourd'hui : sa capacité à absorber rapidement l'information. Plutôt que de se fier à la vérité de ce qu'ils voient ou entendent, ils ne font confiance qu'à leur imagination, qui est susceptible d'être influencée par tout ce qui est à la fois universel et cohérent. La seule chose qui persuade le public est la cohérence du système, et non les faits ou même les faits créés. Pour persuader les gens que vous êtes cohérent, vous devez vous répéter sans cesse".

Ceux qui croient aux idées conspirationnistes ignorent leurs propres expériences, ce qui rend les théories conspirationnistes fausses. La mesure "American Laws for American Courts", promulguée par le gouverneur du Texas Greg Abbott en juin 2017, interdit la charia au Texas. Le concept selon lequel le président Obama est un musulman déguisé en chrétien afin de mettre le gouvernement des États-Unis à genoux est tout aussi improbable que l'islamisation du Texas lui-même. Si vous vous sentez en colère ou xénophobe face à des dangers perçus, les théories du complot peuvent constituer un moyen facile de rationaliser vos sentiments. Cette théorie peut expliquer la peur irrationnelle de nombreux Blancs à l'égard de l'administration d'Obama, qui serait un musulman se faisant passer pour un chrétien afin de renverser le gouvernement des États-Unis. L'effroi que les nationalistes religieux et les films de propagande d'ISIS montrant des actions terroristes menées sur des mers lointaines ont attisé au Texas s'explique rationnellement par le fait que les musulmans tentent d'introduire clandestinement la charia dans l'État. Les théories du complot ne serviront plus de guide pour un discours politique raisonnable si le public les accepte comme une explication acceptable pour des peurs et des ressentiments irrationnels. Le fait que les gens croient à des idées de complot farfelues aide les forces fascistes. Et pourtant, comment cela est-il possible si la place publique de la démocratie libérale est un lieu où la raison prévaut toujours ? Un échange d'idées libre et ouvert ne devrait-il pas encourager l'examen approfondi de toutes les alternatives, aussi absurdes ou farfelues qu'elles puissent paraître ? L'ouvrage de John Stuart Mill intitulé "La liberté", publié en 1859, est peut-être l'argument philosophique le plus connu en faveur de la liberté d'expression. Le chapitre 2 de "Mill" vise à prouver que le silence est immoral, même si les opinions supprimées sont erronées. Les opinions erronées ne doivent pas être supprimées, car la connaissance ne peut être acquise que par la "collision [de la vérité] avec l'erreur". Il ne peut y avoir de véritable connaissance que si l'on s'est battu et que l'on a gagné dans une mer de débats, de disputes et de discussions.

Selon Mill, la connaissance ne peut être acquise que par le biais d'un débat avec d'autres personnes ayant des opinions opposées, qui peut avoir lieu soit à l'extérieur, soit à l'intérieur. Sans cela, même la "croyance authentique" devient un simple "préjugé". Les discours doivent pouvoir être entendus, y compris la défense d'affirmations incorrectes et de théories contredites, car ce n'est qu'à cette condition que nous pouvons espérer acquérir des connaissances. La métaphore du "marché des idées" de On Liberty a longtemps été associée à On Liberty de Mill, à tort ou à raison. Si on le laissait fonctionner de manière indépendante, le marché des idées éliminerait les préjugés et les faussetés et produirait des connaissances. Les marchés libres sont fondés sur une vision idéalisée de ce que signifie être un client. En utilisant l'image d'un marché d'idées, la prémisse idéologique est que la discussion se déroule par l'échange d'arguments, chaque partie avançant ses arguments et répondant ensuite aux arguments de l'autre partie jusqu'à ce que la vérité soit révélée à la fin.

D'autre part, une conversation ne sert pas seulement à échanger des informations. La conversation peut également être utilisée pour exclure d'autres points de vue, attiser les angoisses et les préjugés. Au sujet de l'impact des politiques nazies sur la langue allemande, Ernst Cassirer a écrit en 1946 :

"En étudiant nos mythes politiques actuels et l'usage qui en est fait, nous sommes surpris de découvrir qu'ils transvalorisent nos principes éthiques et modifient le langage humain. Une multitude de nouveaux termes ont été développés, et même les plus vénérables sont réutilisés. Ces expressions étaient autrefois employées dans un sens descriptif ou logique. Aujourd'hui encore, elles sont utilisées comme des mots magiques qui peuvent générer des résultats particuliers et susciter des émotions spécifiques. Ces nouveaux mots, en revanche, sont chargés de sentiments et d'impulsions féroces".

Qu'est-ce qui n'allait pas dans le raisonnement de Mill ?

Le duel exige une compréhension commune des règles. Nous pouvons ne pas être d'accord sur la qualité du plan de santé du président Obama. Si vous pensez, comme moi, que le président Obama est un espion musulman infiltré qui tente de faire tomber les États-Unis, nous ne pourrons pas avoir une discussion productive. Nous n'analyserons pas les coûts et les avantages du plan de santé d'Obama, mais plutôt la question de savoir si l'une ou l'autre de ses initiatives a un objectif antidémocratique caché. La loi sur les soins abordables (Affordable Care Act). Des propagandistes russes, connus sous le nom de "technologues politiques", ont découvert que la R.T. pouvait être entravée par une cacophonie de points de vue et de possibilités fantaisistes. Il est difficile d'avoir une discussion raisonnée sur la politique climatique lorsque les experts du climat sont secrètement pro-homosexuels (par exemple, le leader des médias évangéliques Tony Perkins a suggéré dans une édition du 29 octobre 2014 de son émission de radio Washington Watch). Il est impossible d'avoir un processus délibératif favorable à la production de connaissances si l'opinion de chacun est autorisée à entrer dans le domaine public et à recevoir une attention significative. Les médias responsables doivent résister à l'idée de rapporter toute explication plausible, aussi ridicule soit-elle, tant que quelqu'un la pousse face à cette menace pour la démocratie.

Lorsque les théories du complot s'imposent dans la politique et les médias, et que les institutions éducatives sont discréditées, une réalité commune pour le dialogue démocratique n'est plus concevable. Dans une telle situation, le seul choix qui reste aux autochtones est de chercher des indicateurs autres que la vérité ou la fiabilité. L'allégeance politique, le redressement des griefs personnels et le plaisir sont autant de motivations communes aux individus du monde entier. Lorsque l'homme fort est transformé en événement sportif, il devient plus populaire. D'une autre manière, la politique fasciste transforme les nouvelles en une production de divertissement où l'homme fort est l'attraction principale. La méfiance à l'égard des médias et des institutions académiques est un effort des fascistes pour saper la confiance du public à leur égard. Le domaine de l'information d'une bonne démocratie ne se limite pas aux institutions démocratiques. Par conséquent, les habitants se retrouvent avec de profonds puits de méfiance à l'égard des institutions et les uns envers les autres. Si vous voulez éliminer les bonnes relations démocratiques libérales et les remplacer par une foi aveugle en une personne, le dirigeant, vous devez adopter une politique fasciste. Dans une politique fasciste inefficace, le chef est considéré comme la personne la plus digne de confiance du groupe.

CHAPITRE 5

PSEUDO HIERARCHIE DE LA VALEUR HUMAINE

"La destinée humaine diffère d'une personne à l'autre. La santé, l'argent, la position sociale et d'autres facteurs jouent un rôle dans le bien-être général des hommes. Lorsqu'une personne est plus fortunée, elle a le désir constant de considérer sa position comme "légitime" et le désavantage de l'autre comme étant dû à la "faute" de l'autre, d'après une simple observation. Peu importe que les raisons sous-jacentes de l'écart soient claires ou non".

La citoyenneté libérale, c'est-à-dire le développement de l'égalité juridique pour tous, a eu tendance à inclure de plus en plus d'individus de toutes les identités raciales, religieuses et de genre au fil du temps. La philosophie politique ne fait pas exception. De nombreux philosophes ont été influencés par la théorie du handicap et ont élargi le concept de dignité humaine pour y inclure les personnes qui, dans la plupart des situations, sont incapables d'exercer leur jugement politique. Pour la plupart des philosophes libéraux du XXIe siècle, la capacité d'éprouver une douleur physique, de ressentir des émotions, d'exprimer son identité et de faire preuve d'empathie de diverses manières est considérée comme un droit de l'homme universel. L'idéologie féministe affirme que les hiérarchies naturelles de pouvoir et de domination sont en conflit direct avec l'hypothèse de la théorie démocratique libérale d'un respect égal de tous les individus. Le fascisme est habile à exploiter l'illusion de masse de la hiérarchie. La théorie de la domination sociale, développée par Jim Sidanius et Felicia Pratto, est une importante école de psychologie sociale qui se concentre sur ces "mythes de légitimation". "L'histoire de la théorie de la dominance sociale, qui remonte à 15 ans, a été documentée dans une revue de la littérature de 2006.

"Les hiérarchies sociales basées sur le groupe sont courantes dans les cultures humaines,

indépendamment de leur style de gouvernance, de la substance de leur système de croyances ou de la complexité de leurs structures sociales et économiques."

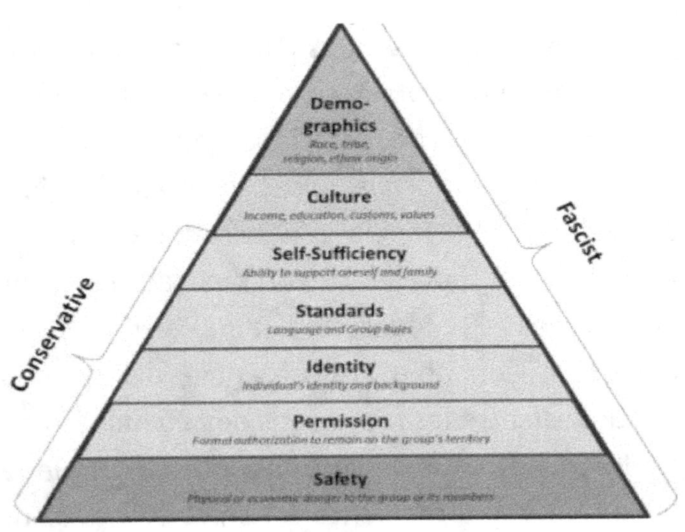

Les fascistes utilisent le désir humain de structurer la société de manière hiérarchique pour justifier leurs hiérarchies, et leurs dirigeants incarnent les mythes qui légitiment leurs hiérarchies comme des vérités immuables. La hiérarchie est justifiée par la nature elle-même, selon cette école de pensée. L'égalité est un rejet de la loi naturelle aux yeux du fasciste, qui élève certaines traditions, comme celles des forts, au-dessus de toutes les autres. Les fascistes pensent que la loi naturelle élève les hommes au-dessus des femmes et les citoyens du pays qu'ils ont choisi au-dessus de tous les autres.

Comme le dit Stephens, "la pierre angulaire fondamentale de notre nouvelle superstructure" est un ensemble de principes "basés sur des principes en conformité précise" avec les lois naturelles. "Le principe aristocratique dans la nature", la notion de hiérarchie raciale, était l'objectif de la Confédération et du Reich d'Hitler. Le "débat raisonnable" concernant les distinctions génétiques entre les races dans des domaines tels que le QI ou l'inclinaison à la violence continue d'être une voix dominante à l'université, faisant écho à la dénonciation par Stephens des abolitionnistes comme des "fanatiques" pour leur conviction ardente en l'égalité raciale. Selon l'article de Gavin Evans publié en mars 2018 dans The Guardian et intitulé "The Unwelcome Revival of Race Science", des personnes comme le politologue Charles Murray et le psychologue de Harvard Steven Pinker introduisent la "science de la race" dans le discours populaire. "En 2005, Pinker a affirmé que les juifs ashkénazes étaient particulièrement intelligents de manière innée, ce que M. Evans décrit comme "le visage souriant de la science raciale". L'affirmation selon laquelle les juifs ashkénazes sont innés et particulièrement intelligents invite le lecteur à conclure à l'existence d'autres groupes et à leur "intelligence innée", explique M. Evans. "Le "politiquement correct" a empêché les universitaires d'explorer les "concepts à risque", tels que "Les femmes ont-elles, en moyenne, un profil d'aptitudes et d'émotions différent de celui des hommes ? Pinker le déplore dans un article paru en 2007 dans la publication en ligne The Edge. La sagacité requise pour le prêt d'argent était un critère de sélection des juifs ashkénazes, qui sont donc généralement plus intelligents que les gentils.

En outre, "les hommes afro-américains ont-ils, en moyenne, un taux de testostérone plus élevé ?". Ceux qui cherchent une origine naturelle à l'inégalité sont présentés comme des chercheurs de vérité courageux qui rejettent l'appel du cœur à l'égalité en raison de leur rationalité. Cette étude s'est révélée, au mieux, discutable. Il semble que l'affirmation de Stephens selon laquelle l'inégalité découle d'une cause naturelle soit encore recherchée d'une manière ou d'une autre.

Ils affirment qu'il existe des hiérarchies de valeurs inhérentes et que leur présence affaiblit l'obligation d'une évaluation égale. Lors de l'élection présidentielle de 2016, de nombreux partisans blancs de Trump ont exprimé leur mépris à l'égard des personnes considérées comme "ne méritant pas" les aides publiques telles que les soins de santé, un terme qu'ils utilisent souvent à l'égard de leurs homologues noirs. Dans sa campagne présidentielle, Donald Trump s'est inspiré de la longue tradition de classification des Américains en fonction de leur race, avec les "méritants" et les "non-méritants". Les Américains qui utilisent la terminologie "méritant" et "non méritant" ont tendance à utiliser le langage "travailleur" contre "paresseux" plutôt que le langage de la différenciation raciale lorsqu'ils sont interrogés par des journalistes. Cela ne justifie toutefois pas la classification de concitoyens de cette manière. Aux États-Unis, le racisme a souvent été associé à l'idée que les Noirs sont paresseux. Des hiérarchies raciales codées ont toujours existé dans un tel langage.

Deuxièmement, juger la valeur d'une personne en fonction de sa prétendue capacité à travailler dur témoigne d'un manque de compréhension de la démocratie moderne. Selon l'idéologie démocratique libérale, on ne peut pas gagner le respect fondamental en travaillant dur.

Certains pourraient faire valoir des inégalités intrinsèques entre des groupes d'individus en fonction de l'intelligence et de la maîtrise de soi, tout en prétendant soutenir l'égalité de dignité pour tous les individus. Il est impossible de croire à des inégalités systématiques entre les groupes tout en défendant l'égalité de traitement des autres, comme l'histoire nous l'a montré. W.E.B. Du Bois a déclaré dans son article de 1920 "Of the Ruling of Men" concernant le manque de participation des femmes à l'élaboration des politiques :

"En raison de la croyance persistante selon laquelle les femmes sont soumises aux hommes, elles ont été exclues de la démocratie contemporaine, car on pensait que les hommes veilleraient à leurs intérêts. La majorité des maris, des pères et des frères s'occuperont de leurs femmes et de leurs petites amies au mieux de

leurs capacités ou dans la mesure où ils sont conscients de leurs besoins. Les relations sexuelles insatisfaisantes dans le monde et la question des enfants suffisent à montrer comment s'appuyer sur des connaissances qui ont été exclues".

Un exemple illustre à quel point il est difficile de maintenir une morale égalitaire lorsque la croyance en des inégalités de capacités cognitives ou volontaires entre les groupes génétiques est largement répandue. Les gens ne sont pas obligés de croire à ces types de hiérarchies raciales ou ethniques lorsqu'ils sont confrontés aux faits de la vie. Il n'existe aucune preuve convaincante de ces hiérarchies malgré des décennies de proclamations religieuses ou de recherches scientifiques. Les arguments en faveur d'un classement de l'intelligence ou de la maîtrise de soi basé sur la race ont tendance à être incorrects, tout comme ceux qui se désintéressent des répercussions morales ou politiques illibérales.

Ce n'est un secret pour personne que la création et le maintien de hiérarchies de pouvoir est une technique d'acquisition et de conservation du pouvoir, un type d'autorité que la démocratie libérale tente de discréditer. Les valeurs libérales ont été critiquées à la fois par la gauche et par la droite à cet égard. La gauche reproche souvent au libéralisme de ne pas s'attaquer aux injustices structurelles et historiques, en ce sens qu'il inclut rarement des remèdes aux erreurs du passé. Les critiques du libéralisme de gauche affirment également que les valeurs libérales d'égalité et de liberté peuvent être utilisées pour renforcer le pouvoir des groupes privilégiés. Les initiatives de discrimination positive, par exemple, pourraient être considérées comme une violation des valeurs libérales d'égalité de traitement lorsqu'elles sont utilisées pour remédier à une inégalité structurelle systémique. Les critiques de droite à l'encontre du libéralisme ont un caractère distinct. Certains opposants conservateurs craignent que les groupes défavorisés n'utilisent l'égalité libérale comme une arme pour renverser les groupes dominants et leurs traditions. Les critiques de gauche et de droite soulignent que les valeurs libérales ne tiennent pas compte des inégalités de pouvoir entre les personnes. Ce faisant, les détracteurs de gauche affirment que les valeurs libérales perpétuent les déséquilibres existants.

Les opposants au libéralisme affirment qu'ils risquent de voir leur position privilégiée renversée par un "partage forcé du pouvoir" parce que le libéralisme ne reconnaît pas les inégalités de pouvoir. Les Protocoles d'Hitler critiquent explicitement le libéralisme.

Les Protocoles sont un canular publié comme un manuel d'instructions pour d'autres Juifs par les "anciens de Sion", de prétendus dirigeants juifs, afin de prendre le contrôle du monde au profit du peuple juif. Dans le premier paragraphe, il est demandé au lecteur de "contaminer l'adversaire avec la notion de liberté, ce qu'on appelle le libéralisme". Le libéralisme, selon les Protocoles, sape l'"adversaire" (en l'occurrence, le chrétien) en encourageant les chrétiens à reconnaître l'égalité des droits des juifs. Il est évident que si les chrétiens adoptent le libéralisme, ils finiront par renoncer à leur position prééminente en tant que premier groupe religieux de la société.

"La liberté politique est un idéal mais pas une réalité. Lorsque ce concept est important pour attirer les masses populaires vers son parti afin d'en écraser un autre, il faut savoir comment le mettre en œuvre. Il

est plus simple de vaincre un adversaire qui a embrassé ce que l'on appelle le LIBERALISME et qui est prêt à abandonner une partie de son pouvoir au nom d'un idéal. Lorsque les rênes du gouvernement sont relâchées par le libéralisme, une nouvelle main s'empare du pouvoir. Elle les rassemble, car la puissance aveugle de la nation ne peut survivre un seul jour sans chef, et la nouvelle autorité ne fait que combler le vide laissé par l'ancienne, déjà affaiblie par le libéralisme."

Le fait que "la liberté politique est une notion, mais pas une réalité" fait écho au discours de Stephens sur la pierre angulaire en ce qu'il affirme que "l'égalité politique est une impossibilité puisque la nature exige qu'un groupe gouverne et domine", comme l'affirment les auteurs des Protocoles. Les membres des groupes dominants sont encouragés à diffuser le concept de "liberté politique", ou de "libéralisme", auprès des personnes moins bien loties. Si le concept de "liberté politique" est accepté, les détenteurs du pouvoir assureront l'égalité à ceux qui ne l'ont pas. Cependant, il est possible qu'une fois que les juifs se voient accorder une certaine autorité par les chrétiens dominants parce que "la loi de la vie", c'est-à-dire la nature, exige qu'un seul groupe gouverne, ils puissent par la suite leur voler tout leur pouvoir. Le fasciste considère le libéralisme comme un cheval de Troie déguisé en égalité. Le rôle d'Ulysse peut être joué par des juifs, des homosexuels, des musulmans, des non-blancs, des féministes, etc. Soit il s'agit d'un imbécile qui a été "infecté par la notion de liberté", soit il s'agit d'un ennemi du pays qui propage le libéralisme pour des motifs néfastes. Les craintes de voir les membres du "pays" authentique perdre leur statut coexistent avec les appréhensions de voir les minorités détestées recevoir le même respect dans le cadre de la mission fasciste. Au XXe siècle, de nombreux membres du Ku Klux Klan pensaient que les Juifs étaient responsables de la progression de l'égalité raciale des Noirs parce qu'ils voulaient diluer le sang blanc et affaiblir l'État ethnique chrétien blanc. D'autre part, "il est bien connu que les Juifs de tous types professent lutter pour la liberté et la paix jour après jour ; leurs orateurs débordent d'humanisme et d'amour de l'humanité, tant que les intérêts juifs sont ainsi promus".

Tout en conservant la même vision hiérarchique de la nature que les nazis, les Juifs de l'idéologie nazie se drapent dans les idéaux universels de la démocratie libérale. La politique fasciste, comme nous l'avons vu, dépeint les véritables champions de la démocratie libérale comme soutenant simplement leurs valeurs pour les saper. Le mouvement fasciste affirme que le libéralisme et le marxisme (parfois appelé "marxisme culturel") propagent l'égalité et la liberté en infectant les détenteurs de l'autorité qui abandonnent alors leur position. En ce qui concerne l'égalité des sexes, les valeurs libérales contribuent à l'effondrement du patriarcat moralement intègre sur lequel le mythe fasciste s'appuie. Les principes libéraux, selon l'organisation America First de Lindbergh, conduiraient à ce que le "sang pur" du pays blanc soit pollué par l'immigration. La démocratie libérale, dans le cas de la Russie et d'une grande partie de la droite chrétienne aux États-Unis, a conduit à l'acceptation de l'homosexualité et à la légitimation du péché de "dégénérescence" qui l'accompagne prétendument.

Les politiques fascistes tirent profit de la hiérarchie d'une autre manière : Ceux qui sont habitués à ses avantages peuvent être facilement persuadés de considérer l'égalité libérale comme une source de victimisation. Une fiction de supériorité sera adoptée par ceux qui tirent profit de la hiérarchie, occultant ainsi les réalités fondamentales de la réalité sociale. Les appels des libéraux à la tolérance et à l'inclusion seront perçus comme une couverture pour les prises de pouvoir d'autres groupes. La perte de la position hiérarchique alimente les politiques fascistes, car les gens se sentent victimes. Le fascisme prospère dans les empires en déclin en raison du profond sentiment de perte qu'éprouvent les gens. Les empires établissent des hiérarchies par leur nature même ; les empires utilisent l'illusion de leur caractère exceptionnel pour justifier leurs entreprises coloniales. Il est facile d'instiller un sentiment de honte nationale dans la population lorsqu'un pays est en déclin, sentiment qui peut ensuite être utilisé à différentes fins politiques fascistes. Plus de 400 000 kilomètres carrés de terres ottomanes ont été perdus en Afrique et en Europe à la fin du XIXe siècle et au début du XXe siècle, notamment en Libye, en Albanie, en Macédoine, en Bosnie-Herzégovine et en Crète. Après le renversement du sultanat ottoman en 1908, l'empire a été repris par des ultranationalistes prêchant un passé ethnique turc menacé par des minorités non turques et non musulmanes (la mythologie est ici particulièrement extrême, car le territoire de l'empire ottoman, l'actuelle Turquie, était le siège de l'un des empires chrétiens les plus puissants et les plus anciens du monde, l'empire byzantin). Au cours de la deuxième décennie, ils ont su tirer parti des sentiments de honte et d'amertume et de la perte de terres pour commettre l'un des crimes les plus horribles de l'histoire : le génocide contre la population chrétienne arménienne de Turquie.

Dans "Pourquoi maintenant ?", l'auteur se penche sur cette question. Dans un essai publié dans The Nation en juin 2016, l'historien Greg Grandin de l'Université de New York affirme que les politiques de Donald Trump sont couronnées de succès dans le contexte de la campagne de 2016 parce qu'elles interviennent à un moment où l'empire américain est en déclin. Après la fin de la guerre froide, les États-Unis étaient la dernière superpuissance survivante, et nous assistons à la perte de cette période. Un empire, estime-t-il, entretient une fiction de supériorité parmi ses habitants, occultant la myriade de problèmes socio-économiques et structurels qui, autrement, pourraient conduire à des défis politiques. Lorsqu'un empire jadis dominant s'effondre, ses habitants sont contraints d'admettre que leur caractère exceptionnel n'était qu'un mensonge. Grandin affirme que "la soupape de sécurité de l'empire s'est refermée, gommée par la guerre catastrophique en Irak combinée à la crise financière de 2008... Parce qu'Obama est arrivé au pouvoir dans les ruines du néolibéralisme et du néoconservatisme, l'empire [n'était] plus en mesure de diluer les passions, de satisfaire les intérêts et d'unifier les divisions".

Lorsque l'autorité impériale s'effondre et que la réalité sociale est révélée, un mécanisme de protection de l'idée familière et confortable de supériorité, appelé "sentiment hiérarchique", émerge dans la nation d'origine. Les politiques féministes se nourrissent des sentiments d'offense et de victimisation qui émergent de la bataille de plus en plus serrée et difficile pour maintenir la

suprématie culturelle, ethnique, religieuse ou
nationale.

PARTIE 3

CREATION DE LA SOCIETE

CHAPITRE 6

SENTIMENT DE VICTIMISATION DES MINORITES

La politique fasciste associe les idées contradictoires d'égalité et de discrimination. La loi sur les droits civils de 1866 a été adoptée en 1866 et a fait des Afro-Américains nouvellement libérés des citoyens des États-Unis. Le 14 mars 1866, le Sénat et la Chambre des représentants ont voté en faveur de cette loi. Andrew Johnson a opposé son veto à la loi sur les droits civils plus tard dans le mois, car elle comprenait des mesures pour la sécurité de la race noire "qui vont énormément plus loin que tout ce que le gouvernement général a jamais prévu pour la sécurité de la race blanche". W.E.B. Du Bois a qualifié de "discrimination contre la race blanche" le fait que Johnson considérait les "protections minimales" comme le début d'une voie menant à l'égalité des Noirs.

Pour la plupart, les Américains blancs d'aujourd'hui exagèrent largement le chemin parcouru par les États-Unis en matière d'égalité raciale au cours du dernier demi-siècle. Selon Jennifer Richeson, Michael Kraus et Julian Rucker, "Americans Misperceive Racial Economic Equality", les citoyens américains blancs ne sont souvent pas conscients de ce fait, croyant que l'inégalité raciale et économique s'est considérablement réduite. Selon une nouvelle enquête, les partisans de Trump pensent que les Blancs sont le groupe racial le plus discriminé, et 54 % des partisans de Trump affirment que les chrétiens sont la religion la plus persécutée en Amérique. Toutefois, les véritables inégalités et discriminations sont distinctes des sentiments d'injustice et d'oppression.

De nombreuses études de psychologie sociale ont montré que les groupes majoritaires considèrent la croissance de la diversité comme une menace pour leur pouvoir et leur domination.

Des recherches récentes en psychologie sociale confirment la victimisation du groupe dominant dans le partage du pouvoir avec les membres des groupes minoritaires sur un pied d'égalité. Selon des études récentes menées aux États-Unis, les Blancs ne seront plus majoritaires aux États-Unis d'ici 2050, date à laquelle le pays deviendra un pays à "majorité-minorité". Certains psychologues sociaux ont expérimenté la manière dont cette connaissance affecte les Américains blancs lorsqu'ils sont préparés à l'avance.

Dans une étude de 2014, les psychologues Maureen Craig et Jennifer Richeson ont montré que le simple fait de souligner que les États-Unis deviendraient bientôt un pays à "majorité minoritaire" renforçait le soutien des Blancs non affiliés politiquement aux politiques de droite. Selon une étude, le fait de lire que les États-Unis deviendront rapidement un pays à majorité non blanche a influencé l'opinion des Américains blancs sur la discrimination positive, les restrictions à l'immigration et les politiques conservatrices "neutres sur le plan racial", telles que l'augmentation des dépenses militaires. Ces recherches de plus en plus nombreuses montrent clairement que les Américains blancs (c'est-à-dire la majorité raciale actuelle) perçoivent le changement imminent de majorité-minorité comme une menace pour leur statut dominant (social, économique, politique et culturel), comme l'écrivent Maureen Craig, Julian Rucker et Jennifer Richeson dans un article de synthèse à paraître. Les mouvements de droite peuvent tirer parti de la peur des gens d'être menacés. Ce débat n'est pas l'apanage de la psychologie américaine, mais se retrouve plus souvent dans l'ensemble de la psychologie sociale. La politique fasciste internationale moderne a pour caractéristique commune d'exploiter le sentiment de victimisation ressenti par les groupes dominants lorsqu'ils sont confrontés à la possibilité de partager la citoyenneté et l'autorité avec les minorités.

Tout au long de l'histoire, les personnes opprimées ont formé des mouvements pour montrer la fierté qu'elles éprouvaient à l'égard de leur identité menacée face à l'oppression. En réaction à l'antisémitisme en Europe occidentale, le mouvement sioniste a développé un nationalisme juif. Le racisme toxique aux États-Unis a conduit à la montée du nationalisme noir.

C'est en réaction à l'oppression que ces mouvements nationalistes sont nés. Le Mahatma Gandhi, par exemple, a utilisé le nationalisme indien contre l'autorité britannique comme une arme dans sa campagne anticolonialiste. Le fascisme n'a rien à voir avec un nationalisme né de l'oppression. Dans leur nature originelle, ces variétés de nationalisme sont des mouvements égalitaires.

Les empires se présentent souvent comme les gardiens des principes universels tout au long de la colonisation. Citons par exemple l'image coloniale du christianisme au Kenya, qui représentait les croyances tribales indigènes comme barbares et primitives. L'insurrection des Mau Mau contre les

Britanniques était une réaction à cette tyrannie religieuse ; les rebelles Mau Mau ont prêté serment à Ngai, la divinité Gikuyu. Une idéologie religieuse nationaliste a été adoptée par le mouvement impérialiste des Mau Mau pour combattre le colonialisme. Les raisons de la guerre contre la domination coloniale britannique au Kenya étaient nombreuses, mais aucune n'avait trait à la suprématie des traditions religieuses gikuyu. Les coutumes des Gikuyus étaient considérées comme de la barbarie primitive par la Grande-Bretagne, et ils se sont battus pour qu'elles soient traitées sur un pied d'égalité. En élevant ces coutumes, non pas comme une critique de la culture britannique mais comme une demande de respect égal, nous avons pu faire une déclaration sur l'importance des contributions uniques de chaque culture. Par conséquent, ce type de nationalisme n'est en aucun cas hostile à l'égalité ; en fait, l'égalité est son objectif.

Le mouvement actuel Black Lives Matter aux États-Unis est analogue à cet égard. Les détracteurs du slogan y voient un argument nationaliste illibéral selon lequel seule la vie des Noirs est essentielle. Toutefois, cette phrase ne dénigre pas la valeur des Blancs aux États-Unis, comme certains l'ont suggéré. Au contraire, elle souligne la priorité accordée aux vies blanches aux États-Unis par rapport aux autres races. L'expression "Black Lives Matter" est utilisée pour attirer l'attention sur le manque de respect envers les minorités. Dans le contexte de la phrase, elle signifie "Les vies des Noirs comptent aussi".

Le fascisme est enraciné dans la dévotion à sa tribu, son ethnie, sa religion ou sa culture - ou, pour le dire autrement, à son pays. Par conséquent, le nationalisme fasciste rejette le principe démocratique libéral, c'est-à-dire qu'il s'agit d'un nationalisme au service de la domination, pour garder ou maintenir sa place au sommet d'une structure hiérarchique de pouvoir et de statut.

Un thème commun à la propagande fasciste est le chagrin de ceux qui ont perdu leur position de pouvoir. Dans la politique fasciste, la perte réelle est transformée en victimisation outragée et utilisée pour justifier les persécutions passées, présentes ou futures.

Dans le cas d'un ouvrier blanc qui n'a plus d'emploi pour des raisons économiques structurelles, le fait d'être invité à "vérifier ses privilèges" peut accroître la possibilité qu'il perçoive un terrain de jeu équitable dans le plan de la suprématie blanche. Les fascistes ont pour passe-temps favori de se moquer des admonestations libérales les plus sincères. L'étude de l'inégalité systémique nécessite une réflexion publique collective sur les données irréfutables démontrant que les hommes blancs, et dans une moindre mesure les femmes blanches, ont bénéficié d'un degré de libération jamais atteint par les Noirs. La campagne "Check your privilege" est un appel aux Blancs pour qu'ils reconnaissent les réalités sociales protégées auxquelles ils sont confrontés quotidiennement. Les élites libérales considèrent toutefois cette déclaration comme un exemple d'hypocrisie, puisque la propagande nationaliste blanche ne constate aucun racisme à l'égard des Noirs dans l'Amérique de 2017, mais au contraire beaucoup de racisme à l'égard des Blancs dans le pays.

La politique fasciste tente de déformer, de falsifier et de saboter la longue et difficile lutte pour résoudre l'injustice structurelle afin de la dissimuler. Les formes les plus efficaces de discrimination positive reconnaissent et traitent l'inégalité systémique. Certains opposants à la discrimination positive ont dépeint ses partisans comme étant à la recherche d'un "nationalisme" fondé sur la race ou le sexe aux dépens des Américains blancs industrieux, sans preuve, en décrivant à tort la discrimination positive comme n'ayant aucun lien avec le mérite individuel. Le vocabulaire de la victimisation des Blancs permet de saisir la sensation de perte d'une dignité autrefois incontestable et bien ancrée - la dignité qui vient du fait d'être blanc et non pas noir.

Dans les années 1990, le mouvement des activistes des droits de l'homme (MRA) a formalisé le sentiment de victimisation comme une perte de privilèges. Selon Michael Kimmel, professeur de sociologie à Stony Brook, "Angry White Men : American Masculinity at the End of an Era" a été publié en 2013.

La plupart des hommes blancs de la classe moyenne ne ressentent pas le pouvoir que leur confère le fait d'être les oppresseurs lorsqu'ils sont eux-mêmes représentés comme des opprimés.

"Un groupe comme la Coalition for Free Men, le National Congress for Men ou Men Achieving Liberty and Equality (MALE) sont des exemples de groupes MRA qui se concentrent sur les peurs et la rage des hommes envers le féminisme (MR, Inc.). C'est pourquoi ces organisations luttent contre le féminisme, qui proclame leur dévouement à l'égalité et à la lutte contre le sexisme".

Bien que les hommes blancs détiennent encore la majeure partie du pouvoir et de l'influence au niveau mondial, Kimmel observe que "ces hommes blancs spécifiques se sentent comme des victimes". Pour lui, tout cela fait partie d'un passé patriarcal légendaire qui se perpétue :

"En outre, ces attitudes représentent également une nostalgie d'une époque révolue, où les hommes pensaient pouvoir gravir rapidement les échelons de l'élite nationale en travaillant dur et en se dévouant." Or, la méritocratie n'a jamais existé ; les élites économiques ont toujours été capables de se reproduire en dépit des principes de la méritocratie.

Mais cela n'a pas empêché les hommes d'y adhérer. Est-ce un élément de la culture américaine ? De plus, lorsque les hommes échouent, ils sont humiliés et n'ont pas d'exutoire pour évacuer leur rage. "

Imaginer un passé hiérarchique est un outil puissant pour créer des attentes irréalistes. Il est facile d'adopter une mentalité de victime lorsque ces attentes ne se réalisent pas.

Ils exploitent délibérément cette émotion, en créant un sentiment de victimisation indigné au sein de la population majoritaire, en pointant du doigt un groupe qui n'en est pas responsable et en promettant d'atténuer la victimisation en punissant ce groupe. Kate Manne le démontre en créant un contraste entre le patriarcat et le sexisme dans son roman Down Girl. Selon Manne, c'est l'idée de hiérarchie qui donne lieu à des aspirations irréalistes à un rang élevé. Lorsque les attentes patriarcales ne sont pas satisfaites, les femmes sont confrontées à la misogynie et à d'autres formes d'oppression. La logique du sexisme de Manne sert de paradigme vivant pour le raisonnement politique fasciste.

En tant que plateforme médiatique d'extrême droite aux États-Unis, Breitbart News publie souvent des articles décrivant les réfugiés comme des risques pour la santé et la sécurité publiques, ainsi que pour la société civilisée dans son ensemble. Nous pouvons voir comment le sentiment d'indignation et de victimisation des majorités décisives peut être utilisé à des fins politiques par ces médias. Les titres de centaines d'articles de Breitbart sur les réfugiés somaliens aux États-Unis sont les suivants : "296 réfugiés diagnostiqués avec une tuberculose active dans le Minnesota, soit dix fois plus que dans n'importe quel autre État ; la majorité d'entre eux sont des Somaliens" et "Les Somaliens : Les Somaliens sont les moins éduqués parmi les réfugiés arrivés aux États-Unis au cours de l'année fiscale 2017". Lorsque Breitbart est entré en scène, il n'était pas le seul à diffuser de la propagande anti-américaine. Ann Corcoran, du groupe anti-immigration d'extrême droite Refugee Resettlement Watch, a parlé d'un plan de "colonisation musulmane" des États-Unis, avec l'aide et la complicité d'organisations internationales telles que les Nations unies, d'agences fédérales comme le département d'État américain, et de "groupes chrétiens et juifs chargés de les ensemencer dans tout le pays". La terminologie des droits de l'homme est utilisée par ces médias pour saper les traditions de notre pays, ce qui alimente les craintes d'une "cinquième colonne" libérale clandestine. Ce faisant, les idées libérales sont érodées. Ses cibles sont soumises à un examen sévère ou à des sanctions parce que le groupe dominant a peur d'elles.

Pour évaluer correctement les allégations de victimisation, il est essentiel de comprendre la dynamique du pouvoir dans la société. Si l'on ignore les changements de gestion, le nationalisme axé sur l'égalité peut rapidement devenir une tyrannie à part entière. Certains des aspects les plus troublants de l'émotion nationaliste peuvent être attribués à des expériences historiques réelles de tyrannie. Il ne fait aucun doute que les Serbes ont été opprimés. Il n'est pas nécessaire de remonter à 1389, lorsque les Serbes ont puisé une grande partie de leur rage et de leur identité nationales pour faire l'expérience de cette tyrannie ; la Seconde Guerre mondiale suffit, lorsque les Serbes ont été exécutés dans des camps de concentration. De nombreux Serbes d'aujourd'hui peuvent faire remonter leur ascendance à une période de persécution. Les nationalistes serbes se sont appuyés sur cette histoire pour justifier leur persécution des minorités musulmanes, considérées comme plus faibles et plus vulnérables.

Les sentiments nationalistes toxiques exprimés par l'Académie serbe des arts et des sciences en 1986 ont été largement reconnus comme ayant jeté les bases des violences ultérieures dans l'ex-Yougoslavie. Dans la déclaration, les Serbes du Kosovo sont qualifiés de "génocide physique, politique, juridique et culturel" par les rédacteurs du texte. "Aucun autre pays yougoslave n'a vu sa pureté culturelle et spirituelle piétinée de manière aussi impitoyable que la nation serbe", affirment-ils. Contrairement à l'histoire littéraire et culturelle de tout autre pays, la Serbie a été dévastée au point d'être méconnaissable. Selon ces personnes, la Serbie fait l'objet d'une "discrimination économique constante" et d'un "asservissement économique". Selon eux, "la stratégie de vengeance contre ce pays n'a rien perdu de son acuité avec le temps". "Au contraire, elle est devenue de plus en plus forte, au point de frôler le génocide. Selon le texte, les Serbes ont été victimisés au point d'être exagérés afin de rallier le soutien des Serbes ethniques et de la culture serbe traditionnelle.

De 1989 à 1997, Slobodan Milosevic a été président de la Serbie. Le manque d'esprit nationaliste serbe a été blâmé pour la perte de la Serbie lors de la bataille du Kosovo et pour "le sort que la Serbie a connu pendant six siècles", a déclaré M. Milosevic. Il a affirmé que "l'humiliation et l'angoisse" dont il a parlé dans son discours dépassaient le coût du règne de terreur nazi, au cours duquel plusieurs centaines de milliers de Serbes ont été massacrés. Après des décennies de souffrance, Miloevi a déclaré qu'un programme nationaliste serbe était le seul moyen d'y mettre fin. Il a pu remporter les élections grâce à son discours de victime serbe. Le Tribunal pénal international a inculpé Miloevi de génocide et de crimes contre l'humanité pour les actions qu'il a menées contre le peuple albanais du Kosovo en raison de cette justification. Il ne fait aucun doute que plusieurs groupes différents ont opprimé les Serbes par le passé. Miloevi n'a guère tenu compte du fait que nombre des organisations qu'il visait n'avaient rien fait pour nuire au peuple serbe. L'histoire récente de la Serbie montre comment une oppression antérieure peut être utilisée dans une politique fasciste pour mobiliser contre des adversaires imaginaires, comme le montrent les nationalistes démagogues.

La victimisation est un sentiment puissant qui cache la tension entre les mouvements qui promeuvent l'égalité et ceux qui promeuvent la domination. L'égalité est mise à mal lorsque les partis au pouvoir utilisent le nationalisme des peuples opprimés, ou l'oppression réelle du passé, pour parvenir à leur hégémonie. Il ne fait aucun doute que la droite israélienne s'appuie sur le sentiment de victimisation des Palestiniens pour masquer le conflit entre la lutte pour l'égalité et la lutte pour la domination au Moyen-Orient. Pour lutter contre l'oppression, nous devons savoir qui, quand, où et pourquoi l'intimidation est utilisée, mais ces questions seront toujours pertinentes.

Le fascisme est enraciné dans le sentiment nationaliste. Le leader fasciste utilise un sentiment de souffrance collective pour générer un sentiment d'identification de groupe qui s'oppose directement à l'éthique cosmopolite et à l'individualité de la démocratie libérale. La couleur de la peau, la religion, la tradition et l'origine ethnique jouent toutes un rôle dans la formation d'une identité collective. Néanmoins, la perception de l'autre est constamment utilisée pour contraster le pays. Le nationalisme fasciste génère un "eux" dangereux qu'il faut éviter, parfois combattre, et finalement contrôler pour restaurer la dignité d'un groupe.

Budapest a accueilli la Consultation internationale sur la persécution des chrétiens, au cours de laquelle le Premier ministre hongrois Viktor Orbán a pris la parole le 12 octobre. Il a commencé par dénoncer la persécution "discriminatoire" et "douloureuse" des chrétiens en Europe, qu'il a qualifiée d'"indubitablement injuste". Selon lui, la survie de la culture et de l'identité européennes est menacée par le fait que le christianisme est la religion la plus persécutée au monde. Il conclut en célébrant la position historique de la Hongrie en tant que protectrice de l'Europe chrétienne. Le plus grand risque auquel nous [les Européens] sommes confrontés aujourd'hui est la tranquillité insensible et apathique d'une Europe qui ignore ses fondements chrétiens", affirme-t-il. En raison de cette apathie potentiellement catastrophique à l'égard des racines chrétiennes de l'Europe, plusieurs dirigeants intellectuels et politiques européens souhaitent créer une société diversifiée en Europe qui transformera complètement la composition culturelle et ethnique de notre continent et, par conséquent, son identité chrétienne en l'espace de quelques générations seulement. "

Ce discours du Premier ministre hongrois Viktor Orbán présente tous les éléments d'une victimologie fasciste. Orbán utilise le passé mythique de la Hongrie en tant que défenseur supposé de la chrétienté européenne pour se présenter comme le chef guerrier assez courageux pour défendre l'Europe chrétienne, qui a été mise en péril par les élites libérales ("les dirigeants intellectuels et politiques de l'Europe") qui laisseraient "la religion la plus persécutée au monde" être minée de l'intérieur en autorisant une vague d'immigrés dans le pays. Une "cinquième colonne" à l'intérieur des frontières de l'Europe chrétienne serait établie par des migrants fuyant des pays déchirés par la guerre. Orbán invite ses auditeurs à rejeter les "droits de l'homme" et autres idées dépassées, tout en oubliant leurs racines religieuses. Il appelle ses auditeurs à s'unir à lui pour redonner à la Hongrie son passé glorieux de protecteur mythologique de l'Europe chrétienne contre les envahisseurs brutaux et sans foi ni loi, les exhortant à se tenir à ses côtés en tant que victimes de persécutions.

CHAPITRE 7

UN SYSTEME D'ORDRE PUBLIC BIAISE

Cinq adolescents noirs, connus sous le nom de "Central Park Five", ont été arrêtés dans le Central Park de New York en 1989 pour le viol collectif d'une joggeuse blanche. À l'époque, les journaux étaient inondés de reportages sensationnels sur des jeunes noirs "sauvages" qui maraudaient dans les quartiers blancs et violaient des femmes. Selon Donald Trump, il s'agissait de "marginaux fous" qui auraient dû être exécutés dans des annonces pleine page dans de nombreux journaux de la ville de New York à l'époque. En fin de compte, il s'est avéré que les Cinq de Central Park étaient non seulement innocents, mais qu'un grand nombre des personnes chargées de les poursuivre étaient conscientes de leur innocence. Des années plus tard, la ville de New York a acquitté les cinq hommes et leur a accordé une compensation financière.

Le procureur général des États-Unis, Jeff Sessions, a loué les remarques faites par Donald Trump en 1989 au sujet des Cinq de Central Park comme une preuve de son attachement à la "loi et à l'ordre" en novembre de cette année-là.

Même si les jeunes étaient innocents, les déclarations de Trump ont réduit à néant toute possibilité de procédure régulière dans cette affaire. Il s'agit là d'une interprétation surprenante de la loi et de l'ordre. Dans un État démocratique libéral, les règles de la loi et de l'ordre sont uniformément équitables. Au lieu de cela, l'utilisation par Sessions du terme "loi et ordre" semble faire allusion à un système de lois qui considère les jeunes hommes noirs comme des violations de la loi et de l'ordre du fait de leur simple existence.

Une démocratie saine est fondée sur des règles qui traitent tout le monde de manière équitable, soutenues par des relations de respect mutuel entre les résidents, en particulier les policiers chargés de maintenir l'ordre dans les rues de la nation. Le discours fasciste de la loi et de l'ordre vise à créer deux sortes de citoyens : ceux qui appartiennent au pays choisi et ceux qui n'y appartiennent pas, qui sont tous deux considérés comme sans loi par défaut. Les féministes qui ne correspondent pas aux normes de genre standard, les non-Blancs, les homosexuels et les immigrés qui n'adhèrent pas à la religion principale sont considérés comme des transgresseurs de la loi dans la politique fasciste. Ceux qui n'adhèrent pas à la religion dominante sont considérés comme des contrevenants à la loi. Aux États-Unis, les démagogues ont instillé un fort sentiment d'identité nationale blanche qui doit être protégée de la "menace" des non-Blancs en présentant les

Noirs américains comme un danger pour la loi et l'ordre. Les divisions entre "amis" et "ennemis", fondées sur la peur, sont exploitées dans le monde entier pour unir les peuples contre l'immigration.

L'histoire du national-socialisme est un exemple classique de construction d'une identité nationale politique fasciste. Le nationalisme ethnique a prospéré en Autriche et en Allemagne dans les années 1880, inspirant les nationaux-socialistes. Dans le mouvement völkisch, une vision romantique de la pureté raciale allemande était au cœur de la campagne. L'antisémitisme a joué un rôle essentiel dans la formation de l'identité nationale allemande dans le contexte de la philosophie völkisch. Le peuple allemand est défini par opposition à son ennemi commun, les Juifs. Les nationaux-socialistes ont également utilisé la peinture des minorités comme un danger pour la loi et l'ordre afin d'instiller la peur dans la population.

Après avoir quitté Berlin pendant presque tout l'hiver, ma grand-mère, Ilse Stanley, est revenue au printemps 1936 pour retrouver une ville où "de plus en plus de connaissances étaient absentes".

Son cousin est venu chez elle peu après son retour. Elle l'informe que la Gestapo a emmené le mari de sa cousine dans un camp de concentration. Comme le raconte ma grand-mère dans son livre The Unforgotten (1957), elle a demandé pourquoi son mari était emprisonné. La réponse de la Gestapo fut la suivante :

"Une contravention pour excès de vitesse et un autre type d'infraction au code de la route l'avaient conduit au tribunal, et il avait déjà payé les deux. Ils ont déclaré que tous les Juifs ayant un passé criminel devaient être exterminés, ce que le tribunal n'avait pas fait pendant des années. "Une contravention, c'est comme un crime sur votre casier judiciaire !

Lorsque ma grand-mère a écrit son livre, elle a documenté les années qui ont suivi l'ascension d'Hitler au pouvoir. Elle révèle à quel point il était difficile pour la communauté juive allemande de comprendre le danger qui la guettait. Elle avait une connaissance directe de la menace en raison de son travail en tant qu'assistante sociale nazie habillée en sauveteuse de prisonniers à Sachsenhausen. Lorsqu'elle a vu ce qui se passait dans le camp, elle a pris conscience de l'horreur absolue de la situation, ce qui n'était pas le cas de nombre de ses compatriotes juifs. Ce camp, tout comme les camps de réfugiés et les camps de détention pour immigrés aux États-Unis, a été dissimulé au public. Dans ses écrits, un thème récurrent est qu'elle a du mal à encourager ses parents et ses amis à partir. La plupart des Juifs allemands, en revanche, ne se considéraient pas du tout comme des criminels.

Les "immigrés", y compris les citoyens nés en Suisse de la deuxième et de la troisième génération qui ont été condamnés pour des infractions mineures au code de la route, doivent être expulsés de Suisse dans le cadre d'un référendum proposé par le parti d'extrême droite SVP (Schweizerische Volkspartei). Le résultat du référendum semblait être précis. L'échec du référendum est en partie attribuable au travail d'Operation Libero, une organisation créée par des étudiants suisses pour remettre en question le discours dominant sur l'expulsion des "immigrés dangereux".

En promettant d'expulser les "étrangers criminels", Donald Trump est devenu président des États-Unis. Depuis son entrée en fonction, il se concentre sur les immigrés en tant que groupe à persécuter. Pour susciter des craintes à l'égard de l'immigration, lui et son administration les associent souvent à la criminalité. Dans les documents officiels, comme le dévoilement d'un nouveau bureau au sein du département de la sécurité intérieure dédié à l'aide aux "victimes de crimes perpétrés par des immigrants criminels", nous sommes à plusieurs reprises confrontés aux spectres des "étrangers criminels."

Le terme "criminel" a naturellement une connotation littérale. Mais il a aussi une connotation allusive : il s'agit d'une personne inconsciente des normes sociales et motivée par des raisons égoïstes ou malveillantes pour enfreindre la loi. Nous n'utilisons pas cette expression pour caractériser une personne qui a commis une infraction sans le savoir ou qui a été forcée de le faire dans une situation difficile. Si vous sprintez pour arriver à votre arrêt de bus, vous ne courez pas ; si vous enfreignez la loi, vous ne l'enfreignez pas. Le caractère d'une personne peut être qualifié de "criminel" si ce terme est utilisé pour la décrire.

Les psychologues ont examiné la pratique des préjugés linguistiques intergroupes. Nos descriptions des actes des individus que nous considérons comme faisant partie de "nous" et de ceux que nous croyons faire partie de "eux" sont considérablement différentes.

Il est courant de caractériser un acte préjudiciable par ses spécificités, comme le vol d'une tablette de chocolat par un enfant. Ou, pour le dire autrement, j'ai plus tendance à dire que mon copain Daniel a volé une tablette de chocolat. En revanche, lorsqu'un autre "eux" fait la même chose, nous préférons caractériser l'acte de manière plus abstraite en attribuant à l'auteur de mauvaises qualités de caractère. Un voleur ou un criminel est plus susceptible d'être étiqueté "eux" s'il prend une barre de chocolat à Jérôme, qui est considéré comme l'un des "eux". Il est courant que les Américains blancs se demandent pourquoi un Américain blanc bien habillé a été arrêté à l'arrière d'une voiture de police s'ils ont assisté à cette arrestation. Au lieu de se demander comment la police a attrapé "ce criminel", un Américain blanc pourrait s'interroger lorsqu'il voit un Américain noir détenu à l'arrière d'une voiture de police.

Les bonnes actions, en revanche, font le contraire. Nous sommes plus enclins à attribuer une excellente action réalisée par quelqu'un que nous considérons comme l'un des nôtres aux attributs positifs du caractère de cette personne. Comme exemple de la "charité de Daniel", Daniel a donné une barre de chocolat à un jeune. Plus précisément, "Cette personne vient de donner une barre de chocolat à ce garçon" décrit l'acte de gentillesse de Jérôme à l'égard d'un jeune.

La recherche sur les préjugés linguistiques intergroupes a révélé qu'un public peut déduire de la manière dont les activités d'une personne sont décrites - abstraitement ou concrètement - si cette personne est classée dans la catégorie "nous" ou "eux". Par exemple, les individus concluent à des affiliations politiques et religieuses en se basant sur la façon dont quelqu'un dépeint quelqu'un d'autre. Qualifier quelqu'un de "criminel" implique qu'il possède un trait de caractère épouvantable et immuable, tout en l'excluant du groupe de personnes que nous appelons "nous". Ce sont des escrocs, tout simplement. Les erreurs sont inévitables et nous sommes tous humains.

Tout en se prétendant nos défenseurs, les hommes politiques qui qualifient des groupes entiers de "criminels" ne font rien d'autre que d'instiller la peur dans l'esprit du public. Le processus démocratique de prise de décision rationnelle est sapé par une telle rhétorique, qui suscite l'effroi chez l'auditeur. L'utilisation du mot "émeute" pour caractériser les manifestations politiques aux États-Unis est un autre exemple notable. Dans le cadre de la lutte pour les droits civiques aux États-Unis dans les années 1960, les manifestations politiques des Noirs dans les zones métropolitaines pour s'opposer aux brutalités policières étaient courantes (les plus célèbres étant le quartier de Watts à Los Angeles et le quartier de Harlem à Manhattan). Les médias qualifiaient fréquemment ces manifestations d'"émeutes". "Lorsque les hommes blancs s'élèvent contre la tyrannie, ils sont des héros. Lorsque les hommes noirs se soulèvent, ils sont retournés à leur sauvagerie innée", remarquait James Baldwin à l'époque où les médias présentaient ces manifestations. Les jeunes de Watts et de Harlem savent bien que la révolte du ghetto de Varsovie n'a pas été qualifiée d'émeute et que ses participants n'ont pas été diabolisés comme des voyous. En 1968, Richard Nixon a été élu à la présidence sur la base du programme "loi et ordre". L'emprisonnement généralisé des Afro-Américains aux États-Unis est souvent attribué à la présidence de Nixon.

Des manifestations contre la brutalité policière ont éclaté dans la ville de Baltimore en 2015, après la mort de Freddie Gray par la police. Nic Subtirelu a examiné l'utilisation de "protest" contre "riot" par diverses sources médiatiques pour caractériser les émeutes de Baltimore dans un article pour Linguistic Pulse en avril 2015. Dans sa couverture des troubles à Baltimore, Fox News, un média d'extrême droite aux États-Unis, a utilisé le mot "émeute" plus de deux fois plus souvent que le mot "protestation". Dans leur couverture des troubles à Baltimore, CNN et MSNBC ont tous deux utilisé les mots "émeute" et "protestation" à peine plus souvent que les autres. La présentation erronée de manifestations politiques comme des émeutes a joué un rôle dans la campagne présidentielle de Donald Trump, qui a fait écho à celle de Nixon à bien des égards. D'un autre côté, Nixon s'est présenté à l'élection présidentielle à une époque où la criminalité violente était en hausse.

Les attitudes changent et les politiques sont façonnées lorsque des mots comme "criminel" et "émeute" sont utilisés pour caractériser à la fois les individus qui commettent de nombreux meurtres pour le plaisir et ceux qui enfreignent le code de la route. L'emprisonnement massif des Afro-Américains aux États-Unis illustre parfaitement la manière dont la rhétorique qui criminalise une race entière brouille le discours et entraîne des conséquences irrationnelles.

En 1980, un demi-million de personnes aux États-Unis étaient en prison. Les Américains blancs représentent 77 % de la population des États-Unis, tandis que les Noirs américains n'en représentent qu'un peu plus de 13 %. Néanmoins, il y a plus de Noirs que de Blancs derrière les barreaux.

Dans ce cas, il y aurait plus de 600 millions de Noirs sur la planète. En d'autres termes, si vous pensez que les Afro-Américains sont comme tout le monde, le continent africain devrait être deux fois plus grand que les États-Unis. Malgré ces faits, vous pensez peut-être encore que les règles des prisons américaines s'appliquent de la même manière à tous les détenus, quelle que soit leur race ou leur appartenance ethnique.

Une forte diminution a suivi la forte augmentation des taux d'emprisonnement aux États-Unis en matière de criminalité. L'article "The Impacts of Imprisonment on Crime" de la revue Criminology révèle qu'entre 1990 et 2010, le nombre d'incarcérations par habitant a augmenté de 59 %, alors que les "crimes index" recensés par le FBI ont diminué de 42 %. Malgré cela, "les chercheurs estiment que le fait de mettre plus d'individus derrière les barreaux n'a apporté qu'une contribution marginale, dans le meilleur des cas", souligne à juste titre M. Roodman. Tout d'abord, les taux de criminalité au Canada ont diminué régulièrement tout au long des années 1990, tout comme aux États-Unis. L'augmentation de l'emprisonnement n'est pas la cause de la baisse générale de la criminalité en Amérique du Nord après 1990, comme on l'a vu aux États-Unis et au Canada.

Les études montrant que l'emprisonnement lui-même contribue de manière significative à l'augmentation des taux de criminalité, de nombreux experts sont sceptiques quant à l'existence d'une relation entre une augmentation de l'incarcération et une diminution des taux de criminalité. Dans le dernier chapitre, nous verrons à quel point il est difficile pour les personnes ayant un casier judiciaire de trouver du travail en général et comment ce problème est exacerbé pour les personnes de couleur en particulier. En conséquence, les personnes incarcérées ont un pourcentage d'engagement civique bien inférieur à celui de leurs pairs qui n'ont jamais passé de temps en prison. De ce fait, l'emprisonnement a un effet préjudiciable sur les membres de la famille des personnes emprisonnées. Pour un même délit, les Afro-Américains courent un plus grand danger en prison que les Blancs, comme l'illustrent les taux d'incarcération très différents pour les délits liés à la drogue. Selon la recherche, les criminels commettent plus de crimes après avoir passé du temps en prison qu'après avoir été libérés.

Plus important encore, pourquoi des mesures punitives sévères sont-elles considérées comme une réaction appropriée aux mauvaises conditions socio-économiques des Afro-Américains ? Les taux de criminalité dans les zones à forte criminalité nécessitent de l'empathie et de la compréhension, ainsi que des changements politiques urgents pour s'attaquer aux raisons structurelles sous-jacentes. La question la plus urgente est donc la suivante : Quelle est la cause profonde du manque général d'empathie à l'égard de cette population ?

Réfléchissez à l'empathie à l'œuvre dans les reportages sur l'actuelle "épidémie d'opiacés" dans les médias américains. Comme le montrent les médias, les "réseaux d'opiacés" ne sont pas responsables du problème des opiacés. Les toxicomanes ne sont pas non plus des criminels. En ce qui concerne la dépendance aux opiacés, les médias, les législateurs et même le corps médical traitent la pandémie comme une catastrophe de santé publique plutôt que comme un problème de justice pénale. Au lieu des Afro-Américains, le problème des opiacés est lié aux Blancs ruraux et aux travailleurs industriels blancs que Trump a licenciés. En bref, la conversation publique aux États-Unis est centrée sur un examen complexe et compatissant de la dépendance aux opiacés et du système fédéral. Les activités des États sont axées sur la prévention et le traitement. Si seulement ce type de recherche avait été mené sur les Afro-Américains, qui semblent être touchés de manière disproportionnée par la toxicomanie. La compassion, l'empathie et les idées libérales de dignité humaine partagée et d'égalité devraient permettre de traiter la toxicomanie des personnes de toutes races, classes et groupes.

Dans cette notion, un groupe de "super-prédateurs" a un caractère intrinsèquement violent et est "tué, violé, mutilé et volé sans remords". La réforme n'est pas une option pour ces personnes. Comme l'avait prédit DiIulio dans Body Count et d'autres publications, un fléau de "super-prédateurs" est apparu aux États-Unis entre 1995 et 2000, entraînant une recrudescence des crimes violents. Même si la criminalité violente aux États-Unis a commencé à baisser au début des années 1990 et a continué à baisser de 1995 à 2000, son pronostic était crédible. Les affirmations de DiIulio reposaient sur plus de preuves qu'elles n'en justifiaient. Il peut s'agir d'un scénario dans lequel un préjugé racial est à l'origine de la divergence entre les résultats et les interprétations des chercheurs en sciences sociales.

Race and Incarceration Increase Acceptance of Punitive Policies, un article publié en 2014 par Eberhardt et ses coauteurs montre à une femme blanche expérimentatrice la règle sévère des trois coups en Californie et une pétition pour son amendement. Un "troisième coup" pour un délit aussi mineur que de prendre "un dollar de monnaie dans une voiture garée" entraînerait une peine obligatoire de vingt-cinq ans à l'emprisonnement à vie en vertu de la législation californienne, qui a été approuvée en 1994. La législation serait modifiée pour exiger qu'un délit violent soit considéré comme une troisième condamnation.

Les sujets ont visionné un film de quarante secondes présentant quatre-vingts photos d'identité judiciaire, en noir et en blanc, avant que le chercheur ne leur présente la pétition. Environ 45 % des visages (la "condition plus noire") ont été montrés dans une vidéo (la "condition plus noire"). Un quart des personnes figurant dans l'autre vidéo avaient des teintes de peau plus foncées (la "condition moins noire"). La pétition a été signée par 51 % des personnes dans la condition "moins noire". Seuls 27 % des personnes "plus noires" ont signé la pétition. La propagande raciste, qui remonte à l'époque de l'esclavage, est depuis longtemps considérée comme un facteur important du problème de l'emprisonnement de masse aux États-Unis, et l'étude d'Eberhardt n'est que la plus récente d'une longue série. Par conséquent, ce groupe démographique est historiquement surreprésenté parmi les personnes incarcérées aux États-Unis.

La propagande fasciste ne se contente évidemment pas de dépeindre les criminels des communautés ciblées. Les fascistes doivent représenter les membres de ces groupes comme des risques spécifiques pour la nation fasciste - la menace la plus significative et la plus typique pour sa pureté. Par conséquent, la politique fasciste met l'accent sur les activités criminelles. L'une des menaces les plus courantes utilisées dans la propagande fasciste est que les membres du groupe ciblé violeraient et pollueraient le "sang" du pays choisi. Pour la "virilité" de l'État fasciste, la menace fasciste du viol de masse représente également un danger pour les normes patriarcales.

Le viol est fondamental pour la politique fasciste parce qu'il provoque un malaise sexuel et la nécessité pour le pouvoir fasciste de sauvegarder la masculinité des hommes.

CHAPITRE 8

L'EGALITE ENTRE LES HOMMES ET LES FEMMES, UNE MENACE

Tous ceux qui menacent la masculinité patriarcale et la structure familiale conventionnelle vont à l'encontre de l'idéologie fasciste. Le viol, les agressions et les soi-disant déviances sexuelles font partie de cette liste de dangers. Les rôles masculins traditionnels, comme celui de pourvoyeur de famille, sont déjà en difficulté pour des raisons économiques, ce qui rend la politique de l'anxiété sexuelle incroyablement puissante.

Le "sang inférieur" était le slogan de Charles Lindbergh lorsqu'il s'exprimait au nom du mouvement "America First", faisant référence au métissage et au mélange des races. La propagande fasciste tend à accentuer cette appréhension en sexualisant l'autre. La politique fasciste étant basée sur la famille patriarcale, elle se caractérise par la peur de s'écarter de cette structure. Les transgenres et les homosexuels suscitent l'inquiétude quant au danger que représentent les normes masculines conventionnelles.

Un essai de l'historien Keith Nelson intitulé "The 'Black Horror on the Rhine' : Race as a Factor in Post-World War I Diplomacy" (L'horreur noire sur le Rhin : la race comme facteur dans la diplomatie de l'après-Première Guerre mondiale), publié en 1970, décrit la peur de l'Allemagne à l'égard des soldats africains servant dans les forces françaises qui contrôlaient la Rhénanie à partir de 1919. Toutes les langues européennes, y compris l'espéranto, ont été utilisées pour véhiculer la propagande allemande concernant les viols présumés de femmes allemandes par les troupes françaises des colonies africaines au 19e siècle. Pour lutter contre l'occupation française, le gouvernement allemand a entretenu des illusions racistes sur les viols massifs de femmes blanches par des hommes noirs. Cette propagande était particulièrement efficace dans les pays "racialement sensibles" comme les États-Unis. Grâce à des fonds "fournis par de riches Américains d'origine allemande et irlandaise", une organisation appelée "Campagne américaine contre l'horreur sur le Rhin" a imprimé 10 000 tracts, et une manifestation contre "l'horreur sur le Rhin" a attiré 12 000 personnes au Madison Square Garden de New York le 28 février 1921. Nelson explique dans un billet de blog :

"Un jeune nationaliste allemand du nom d'Adolf Hitler ne pouvait oublier l'idée que "7 000 000 [de personnes] souffrent sous contrôle étranger et que l'artère centrale du peuple allemand passe par le terrain de jeu des hordes noires africaines".

Ce sont les Juifs qui ont amené le noir au Rhin, toujours avec la même idée cachée et le but apparent de tuer la race blanche qu'ils détestent par l'abâtardissement qui s'ensuivrait inévitablement. ".

Selon Hitler, un complot juif visant à violer les femmes aryennes pures avec l'aide de troupes noires était en cours pour anéantir la "race blanche". Dans les années 1920, le Ku Klux Klan américain a publiquement rêvé d'un viol massif de femmes blanches par des hommes noirs pour détruire la race blanche aux États-Unis, une croyance conspirationniste adoptée par le Klan.

La tromperie la plus puissante du racisme est "la fausse plainte pour viol", qu'elle décrit comme l'un des "plus formidables artifices conçus par le racisme". Pour justifier les vagues répétées de violence et de peur à l'égard de la population noire, le mythe du violeur noir a été laborieusement inventé. Les lynchages d'hommes noirs aux États-Unis étaient justifiés par la nécessité de protéger la pureté des femmes blanches américaines ; l'historienne Crystal Feimster affirme que "les hommes blancs du Sud [ont activement déployé] l'image du violeur noir à des fins politiques". "Le malheureux Africain est devenu un démon", a fait remarquer Benjamin Tillman, sénateur de Caroline du Sud, sur le parquet du Sénat, "une bête sauvage qui chasse qui elle peut manger, remplissant nos pénitenciers et nos prisons". L'horrible vague de lynchages massifs d'hommes noirs américains, qui s'est étendue sur plusieurs décennies, n'était pas seulement le résultat de la gêne sexuelle et de la démagogie des hommes blancs à l'égard des hommes noirs.

Lorsque Ida B. Wells a publié "Southern Horrors : Lynch Law in All Its Phases" et "A Red Record : Tabled Statistics and Alleged Causes of Lynching in the United States, 1892-1893-1894", Ida B. Wells a cherché à réfuter cette histoire dans ses deux brochures (1894). De nombreux historiens sont sceptiques quant à l'affirmation de Wells selon laquelle la plupart des victimes de lynchage n'ont jamais été accusées de viol. Les Américains d'origine européenne croyaient à une épidémie généralisée d'abus sexuels commis par des hommes noirs sur des femmes blanches, justifiant ainsi les actes horribles de lynchage. Il était logique pour eux de craindre de perdre leur statut social s'ils acceptaient leurs voisins noirs comme des égaux. Généralement, une insécurité plus concrète se cache sous une peur sexuelle aiguë, psychotique ou abstraite.

Au XIXe et au XXe siècle, ces inquiétudes se sont exprimées aux États-Unis et dans le monde entier. Lorsque l'une des plus extraordinaires opérations de nettoyage ethnique du Myanmar depuis la Seconde Guerre mondiale a frappé à l'automne 2017, le peuple Rohingya de cette nation est devenu la cible. Les Rohingyas sont une minorité musulmane qui ne pratique pas le bouddhisme comme le reste du pays. Plus d'un demi-million de Rohingyas ont fui vers le Bangladesh en raison de la destruction de centaines de communautés rohingyas et des meurtres et viols endémiques qui y ont eu lieu. Depuis le viol et le meurtre de plusieurs hommes rohingyas en juin 2012, un tollé s'est élevé contre le peuple rohingya, entraînant une campagne d'épuration ethnique d'une brutalité inouïe contre les Rohingyas. Les rumeurs d'un second viol d'une femme bouddhiste en 2014 ont suscité une colère supplémentaire. Un article du LA Daily News de 2014 intitulé "Muslim Sexual Plans to Prey on

Buddhist Women" est un excellent exemple de la façon dont le génocide général contre les Rohingyas est motivé par la paranoïa au sujet des plans sexuels musulmans visant à s'en prendre aux femmes bouddhistes. Les rumeurs de prédateurs sexuels musulmans attisent l'agitation parmi les nonnes bouddhistes au Myanmar. Depuis des décennies, la propagande extrémiste bouddhiste fait état de "mâles musulmans complotant pour s'emparer de leurs femmes".

Plusieurs campagnes antimusulmanes en Inde se sont concentrées sur les hommes musulmans et le danger qu'ils représentent pour la masculinité hindoue. En ce qui concerne le "jihad de l'amour", il a récemment pris la forme d'une panique. Selon Mme Gupta, l'idée d'un "autre ennemi" partagé repose sur des concepts de division soutenus par des "allusions continues et répétées aux énergies violentes et libidinales de l'homme musulman". En conséquence, elle déplore la "perte des facultés logiques hindoues", qui s'est traduite par des "délires de violation, d'invasion, de séduction et de viol" en raison de la "politique de la virginité culturelle" et du "mythe de l'innocence" qui vont de pair.

Suite à un bombardement de propagande anti-immigration, nous assistons actuellement à une perte des "facultés logiques" aux États-Unis. Trump s'est fait connaître tout au long du cycle électoral de 2016 en accusant les immigrés mexicains de viol aux États-Unis. Trois garçons réfugiés, âgés de sept, dix et quatorze ans, ont été accusés de contacts sexuels avec un enfant américain de cinq ans à Twin Falls, dans l'Idaho, le 26 septembre 2017, par Caitlin Dickerson dans un article pour le New York Times. Selon des rapports sur Internet, la fillette avait été "violée collectivement sous la menace d'un couteau, par des réfugiés syriens, et leurs pères ont célébré avec eux par la suite en leur donnant des high five" juste après que l'incident se soit produit. "REPORT : Syrian Refugees Rape Little Girl at Knifepoint in Idaho" (rapport : des réfugiés syriens violent une petite fille sous la menace d'un couteau dans l'Idaho), titrait le Drudge Report, l'un des sites web les plus populaires d'Internet. Pour commencer, aucun réfugié syrien n'a été relocalisé à Twin Falls, comme le raconte M. Dickerson. Personne ne sait avec certitude si une agression a eu lieu (un officier de police s'appuyant sur des images de téléphone portable a déclaré que les récits sur Internet étaient "100 % bidons"). Bien que de fausses informations aient été diffusées sur les immigrants, elles ont entraîné une vague d'intimidation et de harcèlement à l'encontre des fonctionnaires locaux de Twin Falls. La panique morale suscitée par le risque sexuel que les immigrés font courir aux femmes blanches américaines n'a pas disparu.

Dans une certaine mesure, la rhétorique anti-immigration de Trump reflète celle des propagandistes russes qui ont fait circuler des histoires d'immigrants du Moyen-Orient violant des femmes blanches européennes (tout en déformant considérablement les faits) tout au long de sa campagne et de son administration. Les agences de propagande russes ont cherché à fabriquer une fausse controverse impliquant une jeune fille de 13 ans prétendument violée par un immigrant du Moyen-Orient à Berlin en 2016. À la suite de plusieurs reportages sur ce prétendu viol, la communauté russe d'Allemagne a été furieuse au point que 700 personnes se sont rendues sur place pour protester contre ce qui s'était passé. L'indignation a été attisée par la couverture médiatique russe et les "fake news". Il est important de rappeler que la propagation de "fake news" rappelle l'effort de propagande allemand des années 1920, "l'horreur noire sur le Rhin", et qu'elle ne doit pas être attribuée à la révolution actuelle des médias sociaux.

En raison de la masculinité patriarcale, les hommes grandissent en croyant que la société attend d'eux qu'ils soient les seuls à pouvoir protéger et satisfaire les besoins des personnes de leur entourage. Les hommes peuvent facilement être pris de panique par la démagogie visant les minorités sexuelles en période de forte incertitude économique, eux qui sont déjà nerveux en raison de la perte perçue de leur statut à la suite de la progression de l'égalité entre les sexes. Pour attiser davantage la peur, le fascisme dénature délibérément la cause réelle du problème. Un politicien fasciste ne s'attaquera pas à la souffrance économique). Ceux qui rejettent la structure et les traditions de leur famille sont considérés comme un danger pour leur existence par les hommes qui s'inquiètent de leur situation économique. Dans la politique fasciste, la menace d'agression sexuelle est à nouveau utilisée comme une arme.

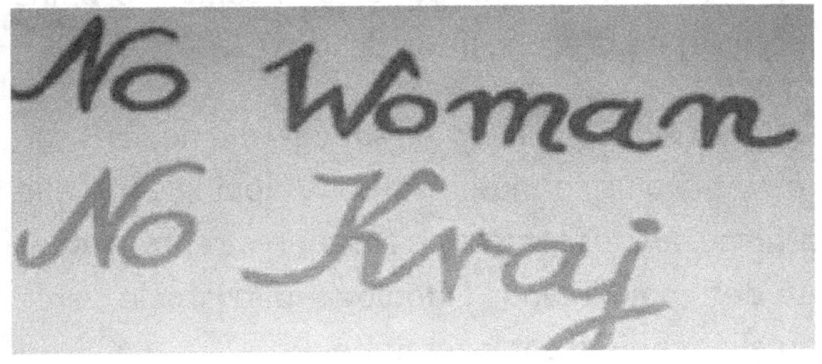

L'Assemblée générale de Caroline du Nord a promulgué la "loi sur les toilettes" en mars 2016. En vertu de cette loi, les personnes transgenres sont tenues d'utiliser les toilettes du même sexe que celui avec lequel elles sont nées, c'est-à-dire des "toilettes unisexes à occupation multiple"]. Au cours de la bataille autour de la "loi sur les toilettes", les partisans et les défenseurs de la loi se sont opposés. Les partisans du projet de loi ont déclaré que les femmes transsexuelles étaient probablement des prédateurs sexuels, raison pour laquelle le projet de loi a été introduit. Pat McCrory, le gouverneur républicain de la Caroline du Nord, a déclaré que le projet de loi House Bill 2 était essentiel pour protéger les citoyennes de l'État. Plus d'une douzaine d'assemblées législatives d'États américains ont examiné en 2016 des mesures relatives aux salles de bains inspirées de la proposition de loi n° 2.

Que révèle Julia Serano sur elle-même dans son œuvre la plus connue ? Dans "Whipping Girl", elle affirme que les femmes transgenres représentent un défi majeur pour l'idéologie patriarcale parce qu'elles choisissent la féminité.

"Une hiérarchie de genre centrée sur l'homme, dans laquelle on suppose que les hommes sont meilleurs que les femmes et que la masculinité est supérieure à la féminité, permet aux femmes transgenres de "choisir" d'être féminines à la place. En embrassant notre féminité et notre féminité, nous mettons en doute l'idée que la masculinité et la masculinité sont intrinsèquement meilleures. Lorsqu'il s'agit de minimiser la menace que nous faisons peser sur la hiérarchie des genres centrée sur l'homme, notre société (principalement par l'intermédiaire des médias) déploie tous les artifices de son arsenal de vieux sexisme. "

Depuis la parution du livre de Serano en 2007, les agressions rhétoriques contre les femmes transgenres se sont multipliées sur la scène politique américaine. Compte tenu de l'importance de la hiérarchie des sexes dans les idéologies fascistes, il n'est pas surprenant que les politiciens tentent d'inciter le public à craindre les femmes transgenres comme une expression des méthodes politiques fascistes. L'acceptation croissante des femmes transgenres a renforcé les principes démocratiques libéraux.

Pour rappeler à quel point la famille patriarcale était vitale pour les fascistes, le terme "PDG" de la famille est utilisé pour décrire le père patriarcal. Dans un foyer patriarcal, la responsabilité première du père est de subvenir aux besoins de sa femme et de ses enfants et de les protéger. L'obtention du pouvoir politique en diabolisant les femmes transgenres et en les présentant comme un danger pour la masculinité de la nation sert à institutionnaliser les idées fascistes d'ordre social et de domination par la force physique.

Mária Schmidt est la conservatrice du musée de Budapest de la Maison de la terreur hongroise, dirigé par un historien hongrois d'extrême droite. Les antagonistes de Mária Schmidt sont décrits comme "les immigrants musulmans, l'élite libérale de gauche et George Soros" dans un essai écrit par Johanna Laakso, professeur de linguistique à l'université de Vienne, concernant le livre de 2017 de Mária Schmidt intitulé Language and Freedom (Langue et liberté). Il mentionne également Schmidt dans la même revue, critiquant Merkel pour son choix de faire venir un million de migrants syriens et la réponse de l'Allemagne à leur égard. M. Schmidt explique dans un billet de blog :

"Pour être un bon mari ou un bon fils, il faut comprendre ses responsabilités et défendre les intérêts des membres de sa famille. C'est seulement parce que les Allemands d'aujourd'hui ont subi un tel lavage de cerveau et sont devenus si peu virils qu'ils ne peuvent pas le faire".

Selon Schmidt, la diminution des normes patriarcales en matière de genre est responsable de l'accueil à grande échelle des migrants syriens par l'Allemagne. L'hypothèse de Schmidt d'un passé mythologique fasciste avant la chute, dans lequel les hommes remplissaient le rôle patriarcal prétendument traditionnel de "protéger" les femmes de l'influence étrangère, couvre le vide logique central de cette théorie. L'explication de Schmidt.

Les dirigeants fascistes peuvent résoudre un grave dilemme politique en soulignant les dangers supposés de la capacité des hommes à défendre leurs femmes et leurs enfants. Dans une démocratie libérale, il est peu probable que les électeurs soutiennent des hommes politiques qui critiquent ouvertement les principes de liberté individuelle et de traitement équitable en vertu de la loi. Il est possible de contourner ce problème en promouvant une politique d'anxiété sexuelle ; c'est un moyen d'attaquer et de saper les valeurs démocratiques libérales sans être perçu comme le faisant directement.

En recourant à la politique de la peur sexuelle, les dirigeants politiques dépeignent implicitement la liberté et l'égalité comme des dangers. Le droit d'exprimer son orientation sexuelle ou son identité de genre est un droit humain fondamental. La politique fasciste sape la notion libérale de liberté en présentant les homosexuels et les femmes transsexuelles comme un danger pour les femmes et les enfants - et, par extension, pour la capacité des hommes à les défendre. Le droit d'une femme à l'avortement est également une forme d'autodétermination. La politique fasciste sape la notion libérale de liberté en présentant l'avortement comme un danger pour les enfants et le pouvoir des hommes sur eux. La question des mariages mixtes entre des membres d'une religion ou d'une race et des membres d'une autre religion ou d'une autre ethnie porte atteinte à l'idéal libéral de liberté.

Les politiques d'insécurité sexuelle menacent l'égalité. L'égalité des droits des femmes menace le rôle des hommes en tant que seuls soutiens de famille. L'anxiété liée à l'érosion de la masculinité patriarcale est renforcée par la mise en évidence de l'incapacité des hommes à protéger leurs femmes et leurs enfants des dangers sexuels. Il est possible de montrer que la liberté et l'égalité sont des risques primordiaux sans les rejeter catégoriquement par le biais de la politique des angoisses sexuelles. L'émergence d'une politique de tension sexuelle est un indicateur clair du déclin de la démocratie libérale.

Lorsqu'il s'agit de traiter les cas les plus extrêmes et les plus concentrés d'inconduite sexuelle et de menaces violentes, les hommes politiques se tournent vers les capitales métropolitaines les plus cosmopolites du monde. Selon la Genèse, Dieu désigne les villes de Sodome et Gomorrhe pour être jugées en raison de leur dépravation et de leur méchanceté. On ne sait pas exactement quels péchés ont été cités comme cause de la destruction de ces villes dans la Bible. Dans l'imaginaire historique, peu importe ce que disent les historiens, les péchés ont été considérés comme sexuels, en particulier l'homosexualité. Dans la rhétorique et la littérature, les villes ont traditionnellement été dépeintes comme des centres de décadence sexuelle et d'immoralité. L'homosexualité, le mélange des races et d'autres transgressions de l'idéologie fasciste trouvent leur origine dans les villes bibliques de Sodome et Gomorrhe, qui sont une source d'effroi sexuel pour de nombreuses personnes aujourd'hui.

PARTIE IV

APERÇU DU FASCISME

En politique, le fascisme est défini comme une philosophie de gouvernance qui met l'accent sur l'importance et la gloire de l'État, la dévotion inconditionnelle à son chef, la soumission de sa propre volonté au pouvoir de l'État et la répression sévère de l'opposition. Plutôt que de célébrer les caractéristiques militaires, les idéaux libéraux et démocratiques sont dénigrés dans ce film. Le fascisme est apparu sous l'influence croissante des mouvements de la classe ouvrière dans les années 1920 et 1930. Il diffère du communisme moderne (tel qu'il a été mis en œuvre par Joseph Staline) en ce sens qu'il cherche à sauvegarder les élites commerciales et foncières tout en préservant les groupes sociaux existants. Le dirigeant italien Benito Mussolini (1922-1943), le dirigeant allemand Adolf Hitler (1933-1945) et le dirigeant espagnol Francisco Franco (1939-1975) ont tous été présentés à leurs opinions publiques respectives comme des symboles du pouvoir et de la détermination nécessaires pour sauver leurs pays d'une catastrophe politique et économique. Pendant leur règne de terreur (1936-45), les fascistes japonais ont encouragé la confiance dans la spécificité du caractère japonais tout en enseignant la soumission à l'État et le sacrifice personnel.

CHAPITRE 9

SLOGAN DES CAMPS DE CONCENTRATION-ARBEIT MACHT FREI

En 2017, les États-Unis ont été frappés par une série de tempêtes d'une puissance sans précédent. L'ouragan Harvey a fait des ravages à Houston, située dans l'État du Texas, au mois d'août. Lors de son dernier passage sur le territoire américain de Porto Rico en septembre, l'ouragan Maria a provoqué des pannes de courant généralisées qui ont privé de nombreux habitants d'électricité pendant des mois. Les personnes nées à Porto Rico et celles nées à Houston sont naturalisées citoyennes des États-Unis. Malgré cela, il y a eu une disparité importante dans la réponse aux catastrophes, à la fois au niveau fédéral, sous le président Trump, et parmi de nombreux Américains blancs qui vivent sur le continent des États-Unis. Jenna Johnson cite Fred Maddox, un habitant de Houston âgé de soixante-quinze ans, sur la question de savoir si les Portoricains devraient recevoir le même type d'aide fédérale que Houston :

"Pour être honnête, ce n'est pas à nous de décider. Non, je ne le crois pas. Il essaie de les secouer en leur disant "faites votre travail". Assumez la responsabilité de vos actes."

Selon l'idéologie fasciste, l'État réserve son aide aux membres du pays choisi, à "nous", plutôt qu'à "eux", lorsque la nation est menacée ou dans le besoin. Le raisonnement est typique : "ils" sont léthargiques, manquent d'éthique du travail et ne peuvent pas être confiés aux finances de l'État, et "ils" sont des criminels qui souhaitent simplement vivre de la générosité du gouvernement de l'État. Dans la politique fasciste, "ils" peuvent être guéris de leur paresse et de leur vol en travaillant de longues heures sur leur lieu de travail. C'est pour cette raison que les portes d'Auschwitz et de Buchenwald ont été marquées des mots ARBEIT MACHT FREI - le travail vous rendra libre - sur leurs côtés. Les Juifs étaient considérés comme des escrocs paresseux et corrompus qui passaient leur temps à comploter pour voler l'argent des laborieux Aryens, ce qui était facilité par le régime nazi. Selon les "lignes directrices" du Deutsche Arbeiterpartei (DAP1919), qui demandait "Contre qui le DAP se bat-il ?" (Parti nazi) : "Contre qui le DAP se bat-il ?" "Contre tous ceux qui n'apportent que peu de valeur et qui s'enrichissent sans fournir le moindre effort mental ou physique". En tant qu'État, nous nous battons contre les drones, dont la majorité sont des Juifs qui jouissent d'une vie confortable et récoltent ce qu'ils n'ont pas semé". Leur solution consistait à démolir l'État et à le remplacer par une nouvelle entité appelée "nation". Contrairement à l'État, la nation est dépourvue de systèmes tels que l'"aide sociale" qui, selon Hitler, prive les gens de leur capacité à gagner leur vie par leurs efforts. L'État symbolise le transfert des richesses des personnes diligentes à des minorités "non méritantes" en dehors du groupe ethnique ou religieux principal, qui profiteraient alors des ressources nouvellement accumulées.

Plusieurs études en sciences sociales ont été menées sur le soutien des Américains blancs aux programmes de "welfare" aux États-Unis (une catégorie quelque peu mal définie, en fait). L'hostilité des Américains à l'égard de l'assistance est souvent présentée comme l'expression de leur attachement à l'individualité, ainsi que de leur soutien et de leur désir de promouvoir une éthique de l'autosuffisance. L'étude sur l'attitude des Américains blancs à l'égard de l'aide sociale, en revanche, a montré que le principal facteur prédictif de l'attitude des Américains blancs à l'égard des programmes dits "d'aide sociale" est leur attitude à l'égard du jugement selon lequel les Noirs sont paresseux. Selon Martin Gilens, politologue à Princeton, dans son article de 1996 intitulé "Race Coding" and White Opposition to Welfare", "la perception que les Noirs sont paresseux a un effet plus important sur les préférences des Américains blancs en matière de politique d'aide sociale que l'intérêt économique personnel, les convictions sur l'individualisme ou les opinions sur les pauvres en général". De nombreux Américains blancs ont des idées erronées sur ce qui constitue la pauvreté. Le fait que les Blancs constituent la grande majorité des bénéficiaires des programmes sociaux est largement méconnu. Par ailleurs, comme indiqué précédemment dans ce chapitre, l'émulation de l'autosuffisance est au cœur de l'idéologie fasciste, et elle est inexorablement liée à l'antisémitisme et à l'hostilité à l'égard de certains groupes minoritaires méprisés. On peut distinguer des points de vue différents sur la paresse des Noirs et des pauvres, ainsi que des idées respectives sur la nécessité de l'autosuffisance. Cependant, elles se rejoignent souvent chez les personnes réceptives à l'idéologie fasciste.

Dans l'idéologie fasciste, la notion d'effort est utilisée comme une arme contre les minorités et les autres groupes marginalisés. En France, le groupe néo-fasciste Le Front national a une rhétorique violemment anti-immigrés. Les représentants des partis politiques dénigrent souvent les immigrés en les qualifiant de fainéants qui profitent du dur labeur et de la persévérance des "vrais" Français. La dirigeante actuelle, Marine Le Pen, a déclaré lors de la campagne pour l'élection présidentielle de 2017 que "les interlopes du monde entier [...] veulent transformer la France en un grand squat".

Le contraste entre "travail acharné" et "paresse", ainsi que le clivage entre "respectueux de la loi" et "criminels", est au cœur de la séparation fasciste entre "nous" et "eux". L'aspect le plus effrayant de ces divisions rhétoriques réside dans le fait que les groupes fascistes sont connus pour tenter de traduire les idées fausses sur "eux" dans la réalité par le biais de la politique sociale. Nous en sommes les témoins quotidiens avec les flux de réfugiés. Hannah Arendt s'exprime ainsi :

"Une caractéristique trop souvent négligée de la propagande fasciste est qu'elle ne se contente pas de

mentir, mais tente activement de transformer ses mensonges en vérités. Ainsi, Das Schwarze Korps a reconnu plusieurs années avant le début de la Seconde Guerre mondiale que l'affirmation nazie selon laquelle tous les Juifs sont des mendiants sans abri qui ne peuvent exister qu'en tant que parasites dans les organismes économiques d'autres nations n'était pas entièrement acceptée par le grand public à l'étranger ; cependant, ils ont prédit que l'opinion publique étrangère serait autorisée à accepter ce fait dans quelques années, lorsque les Juifs allemands seraient chassés au-delà des frontières comme une meute de mendiants. Personne n'était préparé à une construction aussi flagrante d'une réalité trompeuse. L'élément le plus important de la propagande fasciste n'a jamais été ses mensonges, car on peut en trouver dans la propagande de n'importe quelle période et de n'importe quel endroit, plus ou moins. Le plus important, c'est qu'ils ont profité d'un préjugé occidental séculaire qui confondait la réalité et l'a transformée en quelque chose qui ne pouvait être décrit que comme un mensonge en quelque chose qui était "vrai".

Les réfugiés qui ont été traumatisés et laissés sans ressources après avoir franchi les frontières ont besoin d'aide et de soutien de la part du gouvernement avant d'entrer sur le marché du travail. Ils ont besoin de cette aide pour apprendre la langue et, au moins dans un premier temps, pour obtenir un logement, de la nourriture et une formation professionnelle. Les mouvements fascistes peuvent établir une vérité apparente étayant leur affirmation selon laquelle les membres d'une minorité méprisée sont paresseux et dépendent de l'aide de l'État ou de la petite criminalité en soumettant les membres de cette minorité à des châtiments sévères et en les exportant ensuite comme réfugiés à travers les frontières vers d'autres nations.

Ils exportent également les circonstances qui permettent à la politique fasciste de réussir grâce à ces techniques. La thèse d'Arendt est que l'irréalité fasciste est un billet à ordre sur la voie d'une réalité future. Au moins une partie de ce qui était auparavant une fiction stéréotypée est transformée en réalité. Comme le note Hannah Arendt, l'irréalité fasciste est un précurseur des politiques fascistes. Les politiques fascistes et les politiques fascistes sont inextricablement liées et ne peuvent être facilement séparées. Dès qu'ils accèdent au pouvoir, les adeptes de la politique fasciste sont tentés d'utiliser leur nouvelle autorité pour rendre réalistes leurs déclarations jusqu'alors absurdes.

Pour atteindre cet objectif, les gouvernements créent intentionnellement des circonstances à l'intérieur de l'État qui semblent excuser le traitement violent éventuel de la population en tant que précurseur du nettoyage ethnique ou du génocide. L'État slovaque, commandé par Jozef Tiso, formé après que l'Allemagne nazie a envahi la Tchécoslovaquie en 1939 et s'est établi en tant qu'État indépendant, en est un exemple frappant. Dans son livre de 2015, Black Earth, l'historien de Yale écrit :

"Lors de la transition de la législation tchécoslovaque à la législation slovaque, les Slovaques et d'autres ont profité de la situation pour voler les Juifs. Selon Tiso et les dirigeants du nouvel État, il ne s'agit là que d'une étape dans le processus par lequel les Slovaques remplaceront les Juifs (et, dans une moindre mesure, les catholiques slovaques supplanteront les protestants slovaques) en tant que membres de la classe moyenne. Les lois d'expropriation des Juifs ont fait naître une préoccupation juive artificielle : que faire de ces personnes dans le besoin ?

Snyder poursuit en expliquant que la solution choisie par les autorités slovaques a été de transférer son peuple juif à Auschwitz, après avoir obtenu du commandant nazi Heinrich Himmler la garantie que les cinquante-huit mille Juifs slovaques qu'ils avaient envoyés à Auschwitz ne leur seraient pas renvoyés. Lorsque la minorité rohingya du Myanmar a été maltraitée, elle a été privée de possibilités d'emploi. Le harcèlement continu et le maintien de l'ordre ont sans aucun doute contribué à une crise de santé mentale au sein de la population générale de ce pays. En fin de compte, tout cela a servi à renforcer les stéréotypes négatifs à l'égard des Rohingyas, ce qui a contribué à légitimer le traitement brutal et inhumain dont ils ont fait l'objet et qui a abouti au nettoyage ethnique de leur population en 2017, et à susciter une opposition à leur acceptation en tant que réfugiés dans d'autres pays.

Frantz Fanon est né en Martinique et a passé sa vie adulte en France et en Afrique du Nord. Il a suivi une formation de psychiatre et a publié de nombreux ouvrages. Son livre Peau noire, masques blancs, publié alors qu'il n'avait que 27 ans, est considéré comme l'un des ouvrages anticoloniaux les plus importants du XXe siècle. Dans cet exemple, la pratique habituelle du colonisateur par la police française en Algérie peut générer les circonstances matérielles qui soutiennent un stéréotype raciste, comme Fanon le démontre succinctement dans sa description de la manière dont la police française traite les Algériens. Selon les Français, les Arabes étaient rusés, sournois, sales et suspects, et c'est ainsi qu'ils étaient dépeints. Cependant, Fanon souligne que ce stéréotype a été formé en raison de la manière dont les Arabes étaient traités quotidiennement par la police française et du fait qu'ils étaient appauvris en raison de la domination française. Lorsque la police arrête souvent les gens en plein jour, ceux-ci développent une "expression de méfiance chassée et évasive", selon l'auteur. La réaction naturelle à une telle thérapie ne peut être décrite que de la manière suivante : Les sujets coloniaux ont été amenés à se comporter d'une manière conforme au stéréotype par le comportement des policiers français. Enfin, Fanon résume le problème en affirmant : "C'est le raciste qui fait les moins que rien."

Les États-Unis ont une longue histoire de politiques qui ont alimenté les stéréotypes et leur ont donné une véritable apparence. Il est essentiel de comprendre la structure de la police et de l'emprisonnement et la réaction des Blancs à ces structures pour comprendre comment l'incarcération raciste de masse aux États-Unis génère et semble légitimer des stéréotypes négatifs sur les groupes. Un homme noir américain sur trois est incarcéré au moins une fois dans sa vie, alors qu'un homme blanc américain sur dix-sept est incarcéré au moins une fois dans sa vie. Cette statistique est toutefois tragique en ce sens qu'elle ne s'arrête pas à la libération d'un individu incarcéré. Les possibilités d'emploi pour les personnes qui ont été incarcérées sont assez limitées. Les employeurs traitent les antécédents d'emprisonnement comme s'il s'agissait d'une "lettre écarlate". Devah Pager, sociologue à l'université de Harvard, affirme dans une étude de 2003 prouvant l'impact négatif d'un emprisonnement passé sur la recherche d'un emploi que l'incarcération devient une étiquette pour les personnes, au même titre que les diplômés de l'enseignement supérieur ou les bénéficiaires de l'aide sociale.

Les recherches novatrices de Pager ont montré que l'emprisonnement passé a un impact significatif sur les opportunités de carrière. Les auditeurs ont été divisés en deux groupes, deux noirs et deux blancs, avec un physique et un curriculum vitae comparables. L'un des membres a reçu pour instruction de révéler une condamnation à dix-huit mois de prison pour trafic de cocaïne, tandis que l'autre a reçu pour instruction de déclarer n'avoir aucun casier judiciaire. Chaque semaine, le membre de l'équipe qui avait un casier judiciaire était remplacé par quelqu'un d'autre. Les équipes ont travaillé ensemble pour postuler à des postes de débutants à Milwaukee, dans le Wisconsin. Avec un casier judiciaire, la probabilité d'obtenir un entretien de rappel pour un poste de débutant diminue de moitié chez les Blancs. Dans l'étude, les auditeurs blancs de Pager qui n'avaient pas de casier judiciaire avaient un taux de rappel de 34 %, tandis que ses auditeurs blancs qui avaient un casier judiciaire avaient un taux de rappel de 17 %. Il est possible que des auditeurs noirs ayant des CV très similaires et n'ayant révélé aucun antécédent criminel aient eu un taux de rappel de 14 %, ce qui indique que les Noirs américains qui ne révèlent aucun antécédent criminel obtiennent déjà de moins bons résultats dans les emplois de débutants que les Blancs américains qui révèlent un antécédent criminel. Seuls 5 % des candidats noirs ayant des antécédents criminels ont obtenu des entretiens de rappel, alors que la moyenne nationale est de 20 %. D'après les recherches de M. Pager, la race et les antécédents pénitentiaires d'une personne ont un impact significatif sur ses opportunités de carrière. Lorsque l'on combine la race d'une personne et ses antécédents en matière d'incarcération, ses perspectives d'emploi s'assombrissent considérablement. L'augmentation des taux d'emprisonnement dans les communautés noires devrait entraîner une hausse du chômage dans cette population, comme c'est le cas pour d'autres populations. La perception qu'ont les Blancs américains des Noirs américains comme étant paresseux et violents remonte à la fondation des États-Unis, lorsque ces caractéristiques étaient souvent utilisées pour justifier l'esclavage de la population noire du pays par la majorité blanche. Cette rhétorique a été utilisée pour justifier la pratique tout aussi brutale du "convict leasing" après l'esclavage. De larges segments de la population noire du Sud de l'antebellum ont été arrêtés pour des délits mineurs, puis loués à des entreprises de fer, d'acier et de charbon pour des travaux forcés aux conséquences souvent fatales. Les processus institutionnels qui sous-tendent l'emprisonnement massif et raciste des Afro-Américains s'inscrivent dans une longue tradition de justification de la perception de cette communauté comme paresseuse, c'est-à-dire incapable d'obtenir un emploi parce qu'elle est prétendument réticente à le faire.

Alors que les programmes de lutte contre la pauvreté et les efforts en faveur de l'emploi de Johnson ont été abandonnés, l'administration Nixon a fait valoir avec succès que les mesures punitives de lutte contre la criminalité devaient avoir la priorité, en particulier dans les zones métropolitaines à forte concentration d'Afro-Américains. Nixon et son administration étaient pleinement conscients que leur tactique entraînerait une augmentation considérable du nombre de Noirs emprisonnés. De nombreux chercheurs ne s'accordent pas sur les raisons profondes du problème actuel de l'emprisonnement de masse aux États-Unis, et de nombreuses questions restent sans réponse. Personne ne peut nier que la combinaison de politiques criminelles sévères et punitives pour les quartiers afro-américains et de réductions significatives de l'aide sociale et de la formation professionnelle a eu des résultats terribles et un modèle de stéréotypes et de pratiques récurrentes. Outre la relation évidente entre l'emprisonnement et le chômage, la combinaison de réductions substantielles du filet de sécurité sociale et des programmes de travail et de politiques criminelles punitives a abouti à une population de Noirs américains dont le taux de chômage est chroniquement élevé. En utilisant des techniques fascistes, les politiciens peuvent parler d'un problème de paresse qui sous-tendrait la pauvreté intergénérationnelle, plutôt que de ses véritables racines, en pointant du doigt ce groupe. Selon cette théorie, la "paresse" peut alors être "traitée" en réduisant encore davantage le filet de sécurité. Étant donné que les Blancs n'emploient pas les Noirs, en particulier ceux qui ont purgé une peine de prison, cela ne ferait que renforcer ces schémas de chômage, ce qui servirait bien les politiques fascistes.

L'incertitude entourait ces initiatives dans les années 1970. Les tactiques punitives de lutte contre la criminalité pourraient être justifiées comme étant préférables à l'inaction face à la violence des armes à feu et au chômage. Nous savons déjà que des tactiques anticriminelles sévères visant les minorités et une assistance sociale limitée pour soutenir leurs communautés auraient des répercussions terribles. Pendant des décennies, les médias ont mis l'accent sur les échecs des initiatives de lutte contre la criminalité des années 1970, 1980 et 1990, ce qui a conduit à un large soutien bipartisan en faveur d'une réorientation des politiques pénales sévères vers des politiques sociales. Malgré cette transition, il n'a pas été reconnu que le langage et les pratiques de la lutte contre la criminalité étaient fascistes, visant à créer une division "nous contre eux" et à renforcer les préjugés hiérarchiques préexistants.

Pour cette raison, les Américains devraient s'inquiéter du fait que de nombreux membres du parti républicain au pouvoir - tels que l'administration de Donald Trump, son procureur général et le président de la Chambre des représentants - prévoient d'éliminer l'État-providence déjà mince de l'Amérique tout en augmentant considérablement la sévérité du système de justice pénale. En raison de la couverture médiatique constante, personne ne peut aujourd'hui prétendre ignorer l'impact négatif de ces politiques sur les Afro-Américains et les sentiments raciaux des Blancs. Comme le définit le philosophe Lewis Gordon de l'université du Connecticut, il faut être de mauvaise foi pour continuer à mener des politiques qui se sont révélées inefficaces. Les régimes fascistes sont connus pour leur "mauvaise foi", comme nous l'avons vu. Nous pouvons observer que cette ignorance délibérée n'est pas anodine dans l'attitude des hommes politiques américains en matière de contrôle pénal et de programmes d'aide sociale. L'objectif implicite est de permettre aux stéréotypes raciaux de prospérer afin que les politiciens puissent continuer à utiliser les méthodes fascistes à des fins politiques.

Hitler s'en prend souvent aux syndicats. Il écrit : "[Le Juif] prend peu à peu la tête du mouvement syndical, d'autant plus facilement que ce qui lui importe, ce n'est pas tant d'éliminer véritablement les maux sociaux que de former dans l'industrie une force de combat obéissant aveuglément pour détruire l'indépendance économique nationale". Hitler affirme que "le marxisme a fait [du système syndical] une arme pour sa lutte des classes" dans un chapitre de Mein Kampf intitulé "La question des syndicats". Les syndicats sont dénoncés par Adolf Hitler, qui affirme qu'ils "entravent l'efficacité de l'industrie et du pays tout entier". Au lieu de servir les intérêts d'une certaine classe, il souhaite que les syndicats soient réaffectés au profit de l'ensemble du pays.

Le fascisme a une foule d'autres raisons de s'attaquer aux syndicats. La disparité économique est un environnement favorable au fascisme. D'après les recherches, le meilleur moyen d'empêcher ces situations de se produire est d'augmenter le nombre de syndicats au sein de la population active. "Dans de nombreuses cultures où les inégalités sont faibles, les syndicats sont également très présents", explique Archon Fung, politologue à Harvard. M. Fung cite un résultat étonnant issu d'une étude sur l'inégalité et le taux de syndicalisation au sein de l'OCDE en 2013. En ce qui concerne les disparités économiques, M. Fung note que "les pays à fort taux de syndicalisation présentent des inégalités de revenus (Danemark, Finlande, Suède et Islande), tandis que les pays à faible taux de syndicalisation présentent également des inégalités de revenus élevées". Aucune des nations étudiées n'a fait état d'une inégalité significative ou d'un taux de syndicalisation élevé. Dans la lutte contre la montée d'un système économique inégal, les syndicats sont un outil efficace. Les organisations de travailleurs ont un effet dissuasif sur le fascisme, qui prospère en période d'instabilité économique, permettant la mobilisation de la haine et de la terreur pour diviser la population.

En raison des disparités économiques flagrantes, ce concept de soi convaincant qui traverse le temps et les cultures devient une préoccupation sérieuse. Elle nécessite une exposition étendue à un large éventail de diversité culturelle et raciale. Elle peut exiger une éducation bienveillante, intelligente, consacrée à la science laïque et à la vérité poétique. Lorsque, aux États-Unis, il faut le salaire de toute une famille pour payer une année d'études dans une grande université à un enfant, nous devons nous demander qui, parmi nous, finit par devenir membre d'une société aussi prospère et ouverte d'esprit. Lorsque l'éducation coûte aussi cher qu'aux États-Unis, les idéaux libéraux sont vulnérables à la manipulation fasciste. Les avantages de l'éducation libérale et de l'exposition à d'autres cultures et traditions peuvent facilement être présentés comme un luxe élitiste alors qu'ils ne sont accessibles qu'à une minorité de riches dans un environnement caractérisé par de graves disparités économiques. La démagogie fasciste prospère dans un environnement de forte disparité économique. Même dans un monde idéal, les normes démocratiques libérales seraient condamnées.

CHAPITRE 10

LA VILLE DES PECHES - SODOME ET GOMORRHE

"Cet après-midi-là, dans la datcha de l'ancien officier, j'ai appris à tirer avec le gars qui élève des lapins pour la nourriture mais qui n'a pas le cœur à les tuer. "Par exemple, si des homosexuels venaient dans notre ville, nous les assassinerions", a déclaré l'amoureux des animaux tout en décrivant les points de vue culturels qui rendaient cet endroit spécial.

Hitler rend hommage à Braunau on the Inn, sa ville natale, qu'il décrit comme un "petit village [qui] se trouve à la frontière entre les deux États allemands", plein de fierté nationaliste allemande et peuplé de gens dévoués et dynamiques. C'est un triste destin que la "pauvre et dure réalité" qui l'a poussé à quitter sa petite maison bien-aimée, et "avec une valise remplie de vêtements et de linge, je suis parti à Vienne plein d'ambition".

La ville la plus étendue et la plus diversifiée d'Autriche a servi de leçon à Hitler. Selon sa page d'ouverture, pour connaître les "crocs de poison" de Vienne, il faut y vivre. L'Allemagne nazie dépeint Vienne comme une ville dirigée par des Juifs qui méprisent et se moquent de l'ancienne culture allemande au profit d'une imitation diabolique et dégénérée. Lors d'un rassemblement à Vienne, Hitler déplore le manque d'enthousiasme national allemand parmi les foules. "Je n'aimais pas la combinaison des races représentées dans la capitale", déclare Hitler dans une lettre. Les Juifs, encore une fois, étaient ma bête noire. Ils formaient un amalgame de nationalités que je détestais. J'en étais malade. Dans la littérature et la culture allemandes, les villes sont considérées comme la source des maux de la société, tandis que la campagne est perçue comme un moyen de purification. Les extrêmes de l'idéologie nationale-socialiste sont les suivants : La vie paysanne est l'expression des principes allemands purs, tandis que les villes sont un terrain propice à l'hérésie raciale, où la pureté du sang nordique est diluée. Dans le chapitre 2 de son Deuxième livre, non publié, Hitler écrit : "La vie paysanne est l'expression des principes allemands purs :

"Les politiques économiques dites pacifiques des peuples peuvent conduire à une croissance démographique disproportionnée par rapport à la productivité des terres et territoires des peuples. Il s'agit là d'une grave menace. Dans de nombreux cas, l'entassement d'un trop grand nombre d'individus dans un espace restreint entraîne de graves problèmes sociétaux. Il est de plus en plus fréquent que les gens se rassemblent dans des zones qui ressemblent plus à des abcès sur le corps du peuple qu'à des lieux culturels. Le

mélange des sangs et la bâtardise, par-dessus tout, assurent la dégénérescence de la race et produisent ce troupeau purulent dans lequel les asticots de la communauté juive mondiale se développent et entraînent la détérioration finale du peuple".

Dans la politique fasciste, les attaques d'Hitler contre les grandes villes cosmopolites et leurs productions culturelles sont monnaie courante. Hollywood ou ses mandataires locaux, qui seraient souvent contrôlés par des Juifs, ne cessent d'éroder les valeurs et la culture traditionnelles par la production d'un art "perverti". En 1930, Alfred Rosenberg appelle à "résister à toutes les tendances théâtrales nuisibles au peuple, car le théâtre s'est transformé dans presque toutes les grandes villes en une scène d'instincts pervers" dans le manifeste de la "société de combat" officielle du national-socialisme pour la culture allemande. La justice est corrompue à un rythme alarmant, ce qui permet aux grands escrocs de profiter pleinement de la population. Nous nous défendons".

Les fascistes estiment que les villes sont le terreau d'une culture dépravée, en particulier celle des Juifs et d'autres immigrants, tandis que la campagne, dans leur esprit, est immaculée. En 1930, Hitler a signé dans le journal national-socialiste Völkischer Beobachter la "Déclaration officielle du parti sur son attitude à l'égard des agriculteurs et de l'agriculture" (bien que l'on ne sache pas exactement qui en est l'auteur). Ce document contient une idéologie selon laquelle les valeurs fondamentales de la nation se trouvent dans la population rurale et que les nationaux-socialistes "voient dans les agriculteurs les principaux porteurs d'une saine hérédité folklorique, la fontaine de jouvence du peuple et l'épine dorsale de la puissance militaire". La politique fasciste accorde une grande importance aux exploitations agricoles familiales, qui constituent le fondement des idéaux de la nation et l'épine dorsale des forces armées du pays. Pour protéger le cœur rural en tant que dépositaire essentiel des normes américaines, les ressources actuellement affectées aux zones urbaines doivent être redirigées vers les zones rurales. L'immigration ne peut pas corrompre les villes rurales, qui sont la source du sang pur de la nation. La doctrine nazie stipulait que "l'introduction de main-d'œuvre agricole étrangère serait restreinte" parce que "de nombreux travailleurs agricoles indigènes seraient améliorés et empêchés de s'échapper de la terre".

"Les attitudes à l'égard des immigrés créent l'un des plus grands fossés entre les villes américaines et les populations rurales", selon une étude du Washington Post et de la Fondation Kaiser réalisée en juin 2017. À la question de savoir si les immigrants sont un fardeau pour la nation parce qu'ils volent nos emplois, nos logements et nos soins de santé, 42 % des habitants des zones rurales ont répondu par l'affirmative. Seuls 16 % des citadins pensaient que l'immigration était un fardeau. Selon les résultats de l'étude, les politiciens aux opinions xénophobes aux États-Unis peuvent utiliser le fossé rural-urbain à leur avantage lorsqu'ils tentent de fomenter des troubles sur des questions telles que l'immigration.

Les partisans de Marine Le Pen comprennent "ceux qui vivent dans les petites villes et les villages ruraux éloignés des grandes villes", selon un article du Guardian publié le 21 avril lors de l'élection présidentielle française de 2017. La "ligne dure en matière de sécurité et d'anti-immigration" de Marine Le Pen est considérée comme ayant stimulé la popularité de son parti dans les zones rurales, où le sentiment anti-immigration est fort et omniprésent "même lorsque l'immigration est assez limitée". Paris, la capitale et la plus grande ville de France, a obtenu moins de 5 % des voix au premier tour. Néanmoins, les résultats "suggèrent que les grandes villes et les régions plus rurales se divisent", selon le communiqué de campagne de Mme Le Pen. Le clivage rural/urbain s'est poursuivi lors du dernier tour, qu'Emmanuel Macron a remporté haut la main. Le 12 mai 2017, la BBC a publié un article résumant leurs différences :

"Neuf Parisiens sur dix ont voté pour M. Macron dans les bureaux de vote de la ville. C'était sa source d'aide la plus fiable. En revanche, la campagne a été le plus grand soutien de Mme Le Pen."

De même, la rhétorique anti-immigration agressive de Donald Trump était répandue dans les communautés rurales comptant peu d'immigrés lors de l'élection présidentielle de 2016 aux États-Unis.

Ce sont les personnes vivant en dehors des grandes villes que la politique fasciste fait passer son message, car elles sont les plus réceptives à la déclaration. Par exemple, dans les années 1930, le pouvoir économique de l'Europe s'est déplacé des régions rurales vers les métropoles, qui sont devenues le cœur d'une économie mondiale en développement. Les idéaux agraires traditionnels d'autosuffisance seraient menacés par la prospérité culturelle et économique des métropoles libérales. Les politiques fascistes mettent l'accent sur ces questions et sur les dommages que l'économie mondialisée inflige aux communautés rurales.

La majorité démocrate au sein de la législature de l'État du Minnesota a été renversée en 2014 par une vague républicaine. Comme l'explique Patrick Condon dans un article paru le 25 janvier 2015 dans le Star Tribune, les républicains des zones rurales de l'État ont capitalisé sur le malaise que les démocrates des grandes villes ont causé dans les zones urbaines de l'État. M. Condon cite de nombreuses questions locales et nationales, notamment le nouveau bâtiment du sénat de l'État de St. Paul, la légalisation du mariage homosexuel et les efforts déployés pour appliquer la loi sur les soins abordables au Minnesota.

La victoire des Républicains du Minnesota en 2014 s'est appuyée sur une croyance largement répandue selon laquelle les habitants des villes bénéficiaient du dur labeur des résidents ruraux de l'État. Les habitants des zones rurales du Minnesota se plaignent de payer eux aussi des impôts, mais la majeure partie de leur argent va à la croissance urbaine de la région métropolitaine. Une partie de cette part serait appréciée. "Il est faux de croire que, comme c'est le cas à l'heure de la mondialisation où la politique accentue le fossé entre les zones rurales et urbaines, les régions métropolitaines du Minnesota sont "le moteur économique de l'État", produisant des recettes fiscales qui s'étendent à toutes les régions de l'État.

Il n'est donc pas étonnant que les partis fascistes prospèrent dans les régions rurales, où ils perpétuent le stéréotype dévalorisant selon lequel les citoyens ruraux industrieux subventionnent les citoyens métropolitains paresseux. Le soutien au nazisme était "massif" dans les zones rurales et agricoles, selon un article publié en 1980 par Nico Passchier, qui a noté "un succès particulier dans les régions où il y a de petites exploitations agricoles, une structure sociale très homogène", "de fortes émotions de solidarité locale et un contrôle social", entre autres choses.

L'efficacité des attaques d'un politicien fasciste contre les villes dépend moins de la précision avec laquelle elles sont menées qu'on ne pourrait le penser. Les électeurs qui ne résident pas dans les zones métropolitaines seront réceptifs à ces messages, et il n'est pas nécessaire qu'ils s'adressent aux habitants des villes. Les élections présidentielles américaines ont été marquées par une rhétorique anti-cité. Les taux de criminalité violente ont considérablement baissé aux États-Unis en 2016 et 2017, les fusillades de masse se produisant dans des régions non urbaines et étant perpétrées par des hommes blancs. La "génération du millénaire" aux États-Unis préfère les lieux métropolitains aux lieux suburbains, et les zones urbaines connaissaient un retour remarquable grâce à la résurgence de la population urbaine. Pour le meilleur ou pour le pire, la gentrification et la montée en flèche des prix de l'immobilier ont balayé de nombreux ghettos urbains autrefois négligés dans les années 1970 et 1980, dont Harlem. Malgré cela, Donald Trump a souvent qualifié les villes américaines de zones de violence et de dégradation tout au long de la campagne présidentielle américaine de 2016 et par la suite. Il a par exemple évoqué "les centres-villes des États-Unis en feu et infestés de criminels" dans un tweet du 14 janvier 2017. Même si les villes américaines se sont considérablement embourgeoisées, Trump les qualifie souvent de "ghettos" en raison du grand nombre de résidents noirs qu'elles comptent (et qui, selon lui, sont probablement des criminels). "Nos quartiers afro-américains sont certainement dans la pire situation qu'ils n'aient jamais connue, jamais, jamais, jamais", a-t-il déclaré lors de l'un de ses meetings de campagne. Il est facile de comprendre pourquoi les habitants des quartiers défavorisés n'ont pas accès à une éducation de qualité ou à des possibilités d'emploi. Dans certains de ces quartiers, on peut même se faire tirer dessus en se promenant dans la rue. Supposons que vous considériez les opinions de Trump sur les villes dans le contexte de l'idéologie fasciste en général. Dans ce cas, il est naturel qu'il dépeigne les villes comme des lieux de maladie et de misère, où vivent des groupes minoritaires détestés qui subsistent grâce au travail des autres.

Les villes ayant des quartiers profondément religieux ou des travailleurs démunis issus de régions rurales bien desservies par des politiques économiques populistes favorisant des régimes autoritaires spécifiques peuvent cacher des appels fascistes à la campagne. Au début de sa carrière politique, Erdogan a été maire d'Istanbul, la plus grande ville du pays. Ses mesures économiques populistes ont également aidé les citoyens défavorisés de la ville, qui étaient bien soutenus par l'important bloc électoral religieux conservateur d'Istanbul. En 1999, Erdogan a choisi Siirt pour prononcer un discours anti-laïque qui l'a conduit en prison pour "incitation à la haine fondée sur la différence religieuse". La base de soutien d'Erdogan s'est déplacée vers les régions rurales au fur et à mesure que son idéologie devenait plus fasciste. Le référendum de 2017, qui aurait donné à Erdogan des pouvoirs quasi dictatoriaux, a été rejeté par les citoyens des trois plus grandes villes de Turquie. En raison de sa grande popularité en dehors de ces régions, le référendum a été couronné de succès.

Les grandes zones métropolitaines ont tendance à être très diversifiées. On y trouve une variété ethnique et religieuse ainsi qu'un large éventail de styles de vie et de traditions. Il est largement admis que les zones métropolitaines ont apporté avec elles une tolérance qui a contribué à protéger, au moins pendant une courte période, les victimes visées par les nazis de la persécution. Les Juifs des villages et des petites villes étaient exposés aux bris de vitres, aux agressions physiques et même aux meurtres", explique Richard Grunberger. C'est pourquoi ils recherchaient l'anonymat et le sentiment de confort communautaire que l'on peut trouver dans les grandes villes comme Francfort ou Berlin. L'antisémitisme était plus répandu dans les régions rurales que dans les centres métropolitains. Plus la population d'une ville augmentait, plus l'antisémitisme se développait", écrit-il.

Les idéologies du fascisme sont intolérantes et hostiles à la diversité. Sous les régimes fascistes, tous les citoyens du pays sélectionné sont censés adhérer à un ensemble de valeurs standard, telles qu'une religion et un mode de vie particuliers. La tolérance de la différence dans les grandes zones métropolitaines constitue un danger pour l'idéologie fasciste en raison de la variété de la ville. Le fascisme s'attaque aux riches, aux "cosmopolites", aux libéraux et aux minorités religieuses, ethniques et sexuelles. Dans de nombreux pays, la majorité de la population est concentrée dans les zones métropolitaines. Par conséquent, les villes sont un substitut approprié pour les ennemis traditionnels de la politique fasciste.

La vie rurale se caractérise par une philosophie fasciste qui met l'accent sur l'autosuffisance pour forger le caractère et la vigueur. À l'instar des "parasites" de la ville, les habitants des campagnes n'ont pas besoin de compter sur l'État. "La tâche sociale ne peut jamais consister en un travail d'assistance, qui est à la fois ridicule et inutile, mais plutôt en l'élimination des erreurs profondément ancrées dans l'organisation de notre vie économique et culturelle, qui aboutissent inévitablement à la dégradation de l'individu", écrit Hitler à propos de son séjour à Vienne. "La tâche sociale" Richard Walther Darré était un théoricien nazi bien connu et un général de la S.S. qui a occupé plusieurs postes importants. Dans son article de 1929 intitulé "La paysannerie, clé de la compréhension de la race nordique", Darré affirme que la véritable liberté ne peut être trouvée que dans le mode de vie agricole du paysan. Plutôt que d'être un "parasite", comme le prétend Darré, les citadins doivent "compter sur leurs talents" et être autosuffisants pour survivre à la campagne.

Le fascisme considère l'État comme une menace et considère le pays comme un groupe de personnes autosuffisantes prêtes à faire des sacrifices au nom de la fierté ethnique ou religieuse comme une alternative viable. L'idéologie féministe se heurte aux idéaux libertaires d'autosuffisance et d'indépendance vis-à-vis de "l'État", que nous examinerons dans le chapitre suivant de ce livre.

Les groupes fascistes se préoccupent d'augmenter le nombre de naissances pour accroître la population du pays. En raison de l'impact prétendument affaiblissant du cosmopolitisme sur un peuple, les hommes et les femmes sont devenus moins capables de remplir les rôles conventionnels de genre, selon l'idéologie fasciste (en tant que soldats et mères, par exemple). Benito Mussolini, le dirigeant fasciste italien, a écrit ce qui suit dans un discours prononcé en 1927 :

"Cette croissance malsaine et pathologique n'est pas due aux ressources de la ville, mais plutôt à l'aide extérieure.

L'expansion rapide et monstrueuse des villes est directement liée à l'augmentation de la stérilité des habitants. Une fois que la campagne est urbanisée, elle devient elle aussi stérile, comme la population déjà présente dans la ville. Les personnes âgées et décrépites ne sont plus en mesure de se défendre contre une génération plus jeune qui se lance à l'assaut des frontières de la nation, désormais non sécurisées."

Selon Mussolini, il y a trop de personnes non blanches dans les grandes villes comme New York. Les habitants du pays sont contraints de vivre et de mourir dans les villes, sans enfants et entourés d'énormes hordes d'étrangers détestés, qui se reproduisent de manière incontrôlée et deviennent des fardeaux permanents pour l'État, selon la philosophie fasciste.

Les fascistes considèrent les villes comme des entreprises communales dans lesquelles les citoyens dépendent de l'infrastructure publique, alias "l'État", pour que leur survie et leur bien-être fonctionnent correctement. Au lieu de chasser et de cultiver leur nourriture, comme dans la fiction nazie, les citadins l'achètent dans un supermarché. L'autosuffisance agricole rurale est contraire au fascisme. L'idéologie fasciste considère que ce n'est pas l'État qui fournit, mais le pays, c'est-à-dire de petites unités autosuffisantes, ethniquement ou religieusement pures, qui travaillent ensemble en tant que communauté. Même dans l'Amérique d'aujourd'hui, nous pouvons constater l'influence de cette vision du monde. Dans l'enquête de 2017 présentée sur cette page, les répondants des zones rurales et urbaines ont des perceptions très différentes de l'ardeur au travail et de l'autosuffisance. Question : Selon vous, qu'est-ce qui est le plus souvent à blâmer pour la situation financière d'une personne ? Les habitants des zones rurales sont d'accord avec les réponses "manque d'effort de leur part" et "conditions difficiles indépendantes de leur volonté" 49 % des habitants des zones rurales sont d'accord avec les réponses. Parmi les habitants des zones urbaines, seuls 37 % ont cité un manque d'effort de leur part, contre 56 % qui ont déclaré que des "conditions difficiles indépendantes de leur volonté" étaient à l'origine de la situation.

Le portrait des minorités urbaines comme des souris ou des "parasites" qui se nourrissent du labeur honnête des habitants des zones rurales est typique de la politique fasciste. Selon Mein Kampf d'Adolf Hitler,

"Il ne fait aucun doute que l'Aryen n'a jamais été juif parce qu'il s'est sédentarisé avec le temps. Pas du tout, le nomade a déjà développé une attitude vis-à-vis de la notion de "travail", et le juif n'est pas un nomade. Mais l'idée d'un juif nomade n'existe pas, il a toujours été un parasite des autres cultures".

"Les Juifs ne sont pas considérés comme des travailleurs industriels, des maçons, des forgerons, des serruriers, des mineurs, des fermiers, des plâtriers", affirme le système éducatif national-socialiste. En d'autres termes, le Juif évitait le travail physique et "vivait de la sueur de ses voisins" en évitant le travail manuel. En tant que parasite, il est comme le gui sur un arbre de Noël". Dans l'idéologie fasciste, les minorités des villes ne sont guéries de leur paresse que si elles sont astreintes à un travail pénible. Une race essentiellement léthargique peut être purifiée par le travail, selon la philosophie nazie.

Copyright © 2023

Tous droits réservés. Aucune partie de cette publication ne peut être reproduite, distribuée ou transmise sous quelque forme ou par quelque moyen que ce soit, y compris la photocopie, l'enregistrement ou d'autres méthodes électroniques ou mécaniques, sans l'autorisation écrite préalable de l'éditeur, sauf dans le cas de brèves citations incorporées dans des critiques et de certaines autres utilisations non commerciales autorisées par la loi sur les droits d'auteur. Toute référence à des événements historiques, à des personnes ou à des lieux réels peut être réelle ou fictive afin de respecter l'anonymat. Les noms, les personnages et les lieux peuvent être le fruit de l'imagination de l'auteur.

Imprimé par Amazon.